Anneliese Riffert

Das große
ANNELIESE RIFFERT
Vollkornbackbuch

Michaels-Verlag

Titelseite: Kokoshäufchen (Rezept Seite 101)

Michaels Verlag, 8922 Peiting

1. Auflage: Oktober 1991
Fotos: Papenfuß, Peiting
Gesamtherstellung:
Michaels-Verlag/Vertrieb
D-8922 Peiting

ISBN 3-925051-51-1

Inhaltsverzeichnis

Backen mit Vollkorn

Viele Menschen wollen heute etwas für ihre Gesundheit tun und suchen nach Kostformen, die nicht nur bekömmlich und gesund sondern auch wohlschmeckend sind. Immer häufiger beweist die heutige Wissenschaft, daß eine vollwertige Kost, wie sie schon vor 100 Jahren Dr. Bircher-Benner empfohlen hat, alle diese Anforderungen erfüllt. Viele große Nachfolger haben immer wieder herausgestellt, daß die Qualität des unveränderten Lebensmittels, wie es in der Natur vorkommt, unübertroffen ist.
Dazu gehört vor allem das Getreide, seit vielen Jahrtausenden der Begleiter des Menschen, als Brot zubereitet, geradezu der Inbegriff der Nahrung überhaupt.
Dazu kommen Gemüse- und Obstsorten, die die Natur hervorbringt, auch Nüsse, Honig, Milch und ihre Produkte wie Sahne, Quark und Butter, ebenso Eier und Quellwasser.
Die Nahrungsmittelindustrie kann heute all diese Naturprodukte verarbeiten, verändern, teilen, konservieren und präparieren und damit ihren Wert mindern.
Die Vollwerktkost ist eine Ernährungsform, die zurückführt zu den naturbelassenen Lebensmitteln, die so schonend wie möglich verarbeitet und zubereitet werden, wo keine wichtigen Bestandteile entfernt und keine Zusatzstoffe verwendet werden.
Was liegt da näher als seine Lebensmittel so weitgehend wie möglich selbst zuzubereiten. Das bedeutet, daß keine Auszugsmehle ohne Schale und Keim verwendet werden, sondern Vollmehl, das auf der eigenen Haushalts-Getreidemühle frisch gemahlen wird. Da der fabrikatorisch hergestellte Haushaltszucker in dieser Form nicht in der Natur vorkommt und er nachgewiesenermaßen schwere Schäden im Organismus hervorruft, wird er in der Vollwertkost nicht verwendet. Zum Süßen nehmen wir Honig, als Fette werden nur Butter und Sahne oder kalt gepreßte Öle verwendet.

Dieses Buch will zeigen, daß aus naturbelassenen Zutaten wohlschmeckende Gebäcke hergestellt werden können, sowohl für den täglichen Verzehr in Form von vielerlei Brotsorten, als auch hervorragend schmeckende Kuchen allerlei Art für besondere Anlässe.
Alle Teige, die wir aus der Normalkost kennen, sind auch für Vollwertkost geeignet. Sie sind hier gruppenweise zusammengefaßt und geben gute Beispiele.

Das Motto: "Entweder gesund oder wohlschmeckend" wollen wir abändern in

Geschmack und Aussehen hervorragend - und trotzdem gesund!

Bisquitteig

Beim Bisquitteig erfolgt die Lockerung durch die eingeschlagene Luft.
Er ist reich an Eiern, enthält wenig Mehl und in der Regel kein Fett.
Bisquitteige gelingen immer, wenn man einige Regeln beachtet.

Wichtig ist, daß die Eiermasse dick cremig geschlagen wird. Dafür eignet sich ein Handrührgerät oder die Küchenmaschine sehr gut. Auf die Eiermasse läßt man das sehr steif geschlagene Eiweiß gleiten, streut das Mehl gleichmäßig darüber und zieht mit einem Holzlöffel oder dem Schneebesen alles gleichmäßig durch. Auf keinen Fall kräftig rühren!

Backform oder Blech belegt man mit Backpapier - der Rand wird nicht gefettet, um ein gleichmäßiges Aufgehen zu erreichen.
Da die Haushalt-Backöfen sehr unterschiedlich in der Temperatur sind, empfiehlt es sich, das Gebäck wärend des Backens zu kontrollieren. Es darf nicht zu dunkel werden. Bei flachen Gebäcken wie bei der Rolle oder Platten, sollte der Teig noch etwas elastisch sein.

Nach dem Herausnehmen sofort auf ein Küchentuch stürzen, Backpapier evtl. mit kaltem Wasser bestreichen und ablösen.
Die Rolle wird dann sofort mit dem Tuch zusammen aufgerollt und abgekühlt.
Danach läßt sie sich wieder öffnen und füllen.

Bisquitboden für Torte andere Art

Zutaten:
5 Eier
120 g Honig
160 g Weizen oder Dinkel, fein gemahlen
2 Eßl. Wasser
1 Eßl. echter Rum

Zubereitung:
Eigelb, Wasser und Honig dick cremig rühren, Rum zugeben, steifen Eischnee darüberstreichen, darauf das Mehl streuen und vorsichtig mit Holzlöffel oder Schneebesen durchziehen, nicht stark rühren.

In eine mit Backpapier ausgelegte Springform geben, glattstreichen, Rand nicht fetten.

Backen:
Im vorgeheizten Ofen bei 180 Grad etwa 35-40 Minuten backen.

Nach dem Backen sofort auf ein Tuch stürzen, Papier abziehen und auskühlen lassen.

Mandelcreme-Torte

Zutaten:
3 Eier, getrennt
3 Eßl. Mineralwasser
80 g Honig
abgeriebene Schale einer ungespritzten Zitrone
100 g Weizen oder Dinkel, fein gemahlen
1 Teel. Weinstein-Backpulver

Zubereitung:
Eigelb mit Honig und Mineralwasser dick cremig schlagen, Zitronenschale unterrühren, dann den steifen Eischnee darübergleiten lassen, das mit Backpulver vermischte Mehl darüberstreuen, vorsichtig unterziehen und in eine mit Backpapier ausgelegte Springform geben. Glattstreichen - Rand nicht fetten.

Backen:
Im vorgeheizten Ofen bei 180 Grad etwa 40 Minuten backen.

Zutaten für die Mandelcreme:
200 g Mandeln
5 bittere Mandeln
2 Eier
125 g Sahne oder halb Milch, halb Sahne
1-2 Eßl. Honig

Zubereitung:
Die Mandeln werden mit kochendem Wasser übergossen und nach 15 Minuten abgegossen und von der Schale befreit. Wenn sie trocken sind, werden sie fein gerieben. Die Eier mit Honig und Sahne gut verquirlen und etwas schaumig rühren. Dann wird die Mischung auf die Mandeln gegossen und gut durchgemischt.

Fertigstellung:
Die erkaltete Torte einmal durchschneiden, mit der Mandelmasse bestreichen, Deckel auflegen, mit etwas geschlagener Sahne ringsum dünn bestreichen und mit Mandelsplittern bestreuen.

Bisquit-Torte mit Pflaumen-Sahne

Zutaten:
Teig wie Mandelcreme-Torte oder Boden für Torte, andere Art.
Teig in Springform ausbacken, auskühlen und zweimal durchschneiden.

Füllung:
3/4 Liter Sahne
1 Glas zuckerfreies Pflaumenmus
50 gehackte Mandeln

Zum Verzieren:
1/4 Liter Sahne
Kiwi in dünnen Scheiben
oder Brombeeren, Himbeeren, Erdbeeren, kleine Pflaumenstückchen

Zusammensetzung:
Die beiden unteren Böden zuerst mit Pflaumenmus, dann mit Schlagsahne bestreichen und aufeinandersetzen. Jedesmal gehackte Mandeln darüberstreuen. Den dritten Boden in 12 Stücke schneiden und beiseite legen.
Auf den mittleren Boden für jedes geschnittene Stück des Deckels von der Mitte aus zum Rand größer werdend einen Tuff Sahne geben, dann das geschnittene Stück schräg auflegen.
Auf die schräg gelegten Stücke jeweils am äußeren Rand einen Klecks Sahne und ein Stückchen Obst legen.
Einige Stunden im Kühlschrank kalt stellen.

Sauerkirschen-Torte

Zutaten:
Wie Mandelcreme-Torte, jedoch in das Mehl 4-5 Teel. Kakao- oder Karob-Pulver einmischen.

Füllung:
500 g Sauerkirschen
1-2 Eßl. Honig
Zimt
1/2 Liter Sahne
etwas Kakaopulver zum Überstäuben.

Zubereitung:
Den Boden nach dem Auskühlen zweimal durchschneiden. Die Sauerkirschen mit wenig Wasser kurz aufkochen und abgießen. Den Saft anderweitig verwenden. Den unteren Boden mit etwas Sahne bestreichen, mit den Kirschen belegen, Honig darübertropfen und Zimt darüberstreuen. Den mittleren Boden einseitig mit Sahne bestreichen, mit der Sahneseite auf die Kirschen legen, darüber wieder Sahne geben. Den Deckel in 16 Stücke schneiden und einzeln obenauf legen. Ringsherum und oben mit der restlichen Sahne bestreichen und mit 16 zurückbehaltenen Kirschen verzieren. Etwas Kakaopulver überstäuben. Vor dem Anschneiden mindestens 2 Stunden im Kühlschrank kalt stellen.

Rehrücken

Zutaten:
Wie Sauerkirschen-Torte.

Zubereitung:
Teig in gut ausgefettete Rehrückenform (halbrund, gerillt) geben.

Backen:
Im vorgeheizten Ofen bei 180 Grad etwa 40 Minuten backen.

Nach dem Auskühlen mit einem Guß aus Honig-Schokolade (im Wasserbad geschmolzen mit einem Teel. Öl vermischt) überziehen (am besten mit einem dicken Pinsel). Mit Mandelstiften bestecken.

Pfirsich-Rolle

Zutaten:
Wie Mandelcreme-Torte.

Zubereitung:
Den Teig auf ein mit Backpapier ausgelegtes Backblech streichen.

Backen:
Im vorgeheizten Ofen bei 180 Grad etwa 12-15 Minuten backen.

Nach dem Herausnehmen sofort auf ein Küchentuch stürzen, das Papier mit kaltem Wasser bestreichen und abziehen. Zusammen mit dem Tuch aufrollen und abkühlen. Nach dem Erkalten füllen.

Füllung:
1/2 Liter Sahne
3 Eßl. Honig
1-2 Eßl. Quark
3-4 reife Pfirsiche

Zubereitung:
Sollten die Pfirische noch etwa fest sein, kurz in kochendes Wasser tauchen, dann die Haut abziehen und in kleine Stückchen schneiden. Evtl. mit etwas Zitronensaft beträufeln, um ein Braunwerden zu verhindern. Die Sahne schlagen, den Quark unterschlagen und mit Honig abschmecken. Die Früchte unter die Masse ziehen und die auseinandergezogene Rolle damit bestreichen. Am Rand 3-4 cm freilassen. Nun wieder aufrollen, auf einen Kuchenteller legen und mit etwas zurückgelassener Sahne bestreichen, mit der Gabel ein Streifenmuster darüberziehen. Im Kühlschrank kalt stellen.
Auch zum Einfrieren geeignet.

Butter-Bisquit-Schnitten

Zutaten:
3 Eier
1 Eiweiß
80 g Honig
125 g Dinkel, fein gemahlen
30 g zerlassene, abgekühlte Butter

Zubereitung:
Eier, Eiweiß und Honig im Wasserbad mit dem Handrührgerät cremig schlagen, dann vom Feuer nehmen, weiterschlagen, bis die Masse abgekühlt ist. Das Mehl auf die Eiermasse streuen, vorsichtig unterziehen, dann nach und nach die Butter unterrühren.

Den Teig auf ein mit Backpapier ausgelegtes Blech streichen.

Backen:
Im vorgeheizten Ofen bei 180 Grad etwa 25 Minuten backen, bis er gut aufgegangen ist und sich elastisch anfühlt.
Nach dem Herausnehmen sofort auf ein Tuch stürzen und das Papier abziehen.

Zutaten für die Füllung Erdbeer-Creme-Füllung:
250 g Erdbeeren, in Scheibchen geschnitten
4 Eßl. Portwein
125 g Quark
4 Eßl. Sahne
2 Eßl. Honig
1 Glas zuckerfreie Erdbeer-Marmelade

Zubereitung:
Den Quark durch ein Sieb streichen, Portwein, geschlagene Sahne und Honig zugeben und gut mischen.

Die Platte in der Mitte teilen, auf die eine Hälfte die Füllmasse geben, glattstreichen. Die zweite Platte mit der Erdbeermarmelade bestreichen und mit der bestrichenen Seite auf die Füllung legen. Etwas festdrücken, mit einigen zurückgelassenen Erdbeerscheibchen verzieren und einige Stunden kalt stellen.

Nuß-Bisquit-Torte

Zutaten:
5 Eier
200 g Honig
abger. Schale einer ungespritzten Zitrone
2 Eßl. echter Rum
250 g gemahlene Haselnüsse

Zubereitung:
Die ganzen Eier mit dem löffelweise zugegebenen Honig gut verschlagen, mindestens 10 Minuten, bis die Masse dick ist. Dann Rum, Zitrone und Nüsse zugeben. In eine mit Backpapier ausgelegte Springform geben und backen.

Backen:
Im vorgeheizten Ofen bei 180 Grad etwa 40 Minuten backen.

Kann mit Schlagsahne oder mit zuckerfreier Aprikosenmarmelade bestrichen werden.

Löffel-Bisquit

Zutaten:
3 Eier
60 g Honig
120 g Weizen oder Dinkel, fein gemahlen
abger. Schale einer halben Zitrone
1/2 Teel. Weinstein-Backpulver

Zubereitung:
Die Eier mit dem Honig sehr schaumig schlagen. Gewürze und das mit Backpulver vermischte Mehl zugeben und vorsichtig unterziehen.
Den Teig in einen Spritzbeutel mit großer Tülle füllen und auf ein mit Backpapier ausgelegtes Backblech gleichmäßige Teigstangen spritzen, an den Enden etwas dicker lassen.

Backen:
Im vorgeheizten Ofen bei 180 Grad etwa 10-12 Minuten backen.

Eignet sich in kleine Rauten oder Quadrate geschnitten als Dekoration für Torten.

Brandteig

Der Brandteig hat seinen Namen daher, daß das Mehl mit Wasser gebrüht- "gebrannt" wird, bevor es weiterverarbeitet wird.
Die Lockerung geschieht durch das Verdampfen des eingeschlossenen Wassers und zusätzlich durch die relativ hohe Eiermenge.

Dieser Teig wird meistens auf dem Blech gebacken, kann verschieden gefüllt werden und ergibt ein sehr luftiges Gebäck.
Auch das Ausbacken im Fettbad wie bei Berlinern ist möglich.

Während des Backens sollte der Ofen nicht geöffnet werden, damit das Gebäck nicht zusammenfällt.
Nach dem Backen sollte sofort aufgeschnitten werden, wenn eine Füllung vorgesehen ist.
Das ungefüllte Gebäck kann eingefroren werden. Ist die Füllung hineingegeben, sollte baldmöglichst serviert werden.

Windbeutel-Brandteig

Zutaten:
250 g Wasser
1 Messerspitze Meersalz
60 g Butter
180 g Dinkel oder Weizen, fein gemahlen
5 Eier

Zubereitung:
Wasser mit Butter und Salz zum Kochen bringen, das Mehl auf einmal hineinschütten, vom Feuer nehmen und kräftig rühren, bis sich ein Kloß bildet. Von der Kochstelle nehmen und weiterrühren, bis sich am Topfboden eine Haut bildet. Nun kühlt man die Masse ab und gibt nach und nach einzeln die Eier unter kräftigem Rühren hinein, bis der Teig glatt und glänzend wird.

Man setzt entweder mit einem Löffel gleichmäßige Häufchen auf ein mit Backpapier belegtes Backblech oder man gibt die Masse in einen Spritzbeutel mit weiter Tülle und spritzt von außen nach innen einen Kreis von etwa 8 cm Durchmesser.

Backen:
Im vorgeheizten Ofen bei 180 Grad etwa 40 Minuten backen.
Während der Backzeit den Ofen nicht öffnen. Nach dem Backen sofort mit einer Schere aufschneiden und dann abkühlen lassen.

Füllung nach Belieben süß oder pikant.

Siehe auch Eclairs.

Eclairs - Brandteig

Zutaten:
1 Rezept Brandteig wie bei Windbeuteln.

Zubereitung:
Den Teig in einen Spritzbeutel mit weiter Tülle geben und gleichmäßige Stangen von etwa 10 cm auf ein mit Backpapier ausgelegtes Backblech spritzen.

Backen:
Im vorgeheizten Ofen bei 180 Grad etwa 30 Minuten backen. Nach dem Backen sofort mit der Schere aufschneiden und dann abkühlen lassen.

Füllung:
1 Rezept Füllcreme oder Schlagsahne mit Früchten vermischt.

Zutaten - Füllcreme:
1 Eigelb
50 g Honig
40 g Dinkel, sehr fein gemahlen
1-2 Messersp. Natur-Vanille-Pulver
20 g Butter
1/4 Liter Milch

Zubereitung:
Eigelb und Honig schaumig rühren, 100 g Milch und das Mehl zugeben, gut mischen. Die restliche Milch mit Vanille zum Kochen bringen, Eiermasse unter Rühren hinzugeben, aufkochen, einige Minuten leicht köcheln lassen. Vom Feuer nehmen, Butter darunterrühren. Während des Auskühlens ab und zu durchrühren, damit sich keine Haut bildet.
Diese Creme ist schnittfest. Wenn sie etwas dünner gewünscht wird, etwa als Unterlage für Obstkuchen oder für Windbeutel, nehme man etwas weniger Mehl.

Garnitur:
Etwas Honig-Schokolade schmelzen, 1 Teel. Öl zugeben, verrühren und mit dem dicken Pinsel auf die fertigen Deckel streichen.
Oder Ahornsirup aufpinseln und mit gehackten Nüssen bestreuen.

Käse-Windbeutel - Brandteig

Zutaten:
1 Rezept Brandteig wie bei Windbeuteln.

Zusätzlich in den Teig nach den Eiern 1 Eßl. frisch geriebenen Parmesan einrühren.

Nach dem Backen sofort aufschneiden und auskühlen lassen.

Füllung I - Käsecreme:
250 g Quark
100 g Gorgonzola
125 g Sahne
Kräutersalz
Pfeffer aus der Mühle
etwas kleingeschnittener Schnittlauch

Den Gorgonzola mit der Gabel fein zerdrücken, die restlichen Zutaten zugeben und gut abschmecken.

Füllung II - Kräutercreme:
200 g trockener Quark
100 g Doppelrahmfrischkäse
2 Knoblauchzehen, gepreßt
1 Tasse gehackte Kräuter
(Estragon, Kerbel, Liebstöckl, Bohnenkraut)
Kräutersalz
Pfeffer aus der Mühle
1 Eßl. geraspelte Zucchini

Quark und Doppelrahmfrischkäse fein zerdrücken, Knoblauch, Salz und Pfeffer zugeben und zuletzt die Kräuter und Zucchini.

Lothringer Käsegebäck

Zutaten:
250 g Wasser
50 g Butter
1 Prise Meersalz
160 g Weizen, fein gemahlen
4 Eier
100 g Emmentaler oder Gouda

1 Eigelb

Zubereitung:
Wasser und Butter in einem kleinen Topf aufkochen, von der Feuerstelle nehmen und das mit Salz gemischte Mehl auf einmal hineinschütten, weiterrühren, bis sich ein Kloß gebildet hat. Nun wird der Topf wieder auf die Feuerstelle gesetzt und weitergerührt, bis sich am Boden eine Haut bildet.
Abkühlen lassen und nach und nach einzeln die Eier hineinrühren, bis der Teig glatt und glänzend ist.
Nun wird der Käse in 1/2 cm große Würfelchen geschnitten und unter den Teig gezogen. Mit dem Eßlöffel setzt man kleine Häufchen auf ein gefettetes Backblech, bestreicht diese mit Eigelb und schiebt sie in den Backofen, mittlere Schiene.

Backen:
Im vorgeheizten Ofen bei 220 Grad etwa 15 Minuten backen. Dann auf 180 Grad zurückschalten und weitere 10-15 Minuten backen.

Warm servieren.

Hefe-Teig

Hefeteig gilt als schwierig in der Herstellung. Er ist aber auch mit Vollkornmehl leicht zu verarbeiten, vielseitig verwendbar und preiswert. Es gilt nur, einige Regeln zu beachten.

Die Hefe sollte frisch sein, nicht dunkel verfärbt und alt. Natürlich kann auch Trockenhefe verwendet werden. In diesem Fall richtet man sich nach den Angaben der Hersteller. Alle Zutaten sollten handwarm sein, da sich nur bei dieser Temperatur die Hefepilze vermehren können. In Verbindung mit den Kohlehydraten im Teig, also Mehl und Honig, bilden sie Gase, die das Gebäck lockern. Dazu brauchen sie Zeit - deshalb werden Hefeteige zum Gehen in die Wärme gestellt, bis sie schön aufgegangen sind.

Hefegebäck schmeckt frisch am besten, das gilt besonders für Kleingebäck. Schon nach 1-2 Tagen wird Hefegebäck etwas trocken und strohig. Was nicht frisch verzehrt wird, kann gut eingefroren werden. Es kommt so frisch heraus, wie es eingefroren wurde.

Vollkornteige müssen sehr gut geknetet werden, das verhindert das Krümeln. Sie sollten auch nicht zu trocken sein, sondern geschmeidig und elastisch. Wenn der Teig zu trocken erscheint, wird mit nassen Händen so lange nachgeknetet, bis die richtige Feuchtigkeit erreicht ist. Durch die Schalenanteile im Vollkornmehl wird der Teig durch das Gehen eher fester.

Hefegebäck kommt immer in den vorgeheizten Ofen. Das Gehen geschieht vorher, beim Einschieben soll sich schnell eine Kruste bilden, damit das Gebäck nicht aufreißt.

Oldenburger Schwarzbrot

Zutaten:
500 g Weizen oder Dinkel, fein gemahlen
500 g Weizen, grob gemahlen
500 g Roggen, grob gemahlen
1 Liter Buttermilch
80 g Hefe
20 g Meersalz
50-100 g Honig oder Rübensirup

Zubereitung:
In einer großen Schüssel löst man die Hefe in der Buttermilch auf, dann gibt man der Reihe nach die restlichen Zutaten dazu und knetet in der Rührschüssel oder von Hand 10 oder 15 Minuten. Wenn der Teig sich von der Schüssel löst, deckt man mit einem Tuch ab und läßt ihn zugedeckt in der Wärme ruhen. Danach knetet man nochmals gut durch und teilt in zwei Teile. Sie werden durch mehrmaliges Einschlagen von außen nach innen zu runden Broten geformt, die man mit der Unterseite nach oben in ein mit Mehl ausgestreutes Körbchen legt. Oder man setzt sie mit der glatten Seite nach oben nebeneinander auf ein gefettetes Backblech. Zudecken und 30 Minuten in der Wärme gehen lassen. Der im Körbchen gegangene Teig wird auf ein gefettetes Backblech gestürzt und mit Wasser bestrichen.

Backen:
Im vorgeheizten Ofen bei 250 Grad 15 Minuten backen, bei 220 Grad weitere 30 Minuten, bei 200 Grad weitere 30 Minuten, bei 175 Grad weitere 30 Minuten.

Auf den Boden des Backofens stellt man ein Gefäß mit heißem Wasser, um Dampf zu erzeugen. Nach 10 Minuten herausnehmen.

Nach dem Herausnehmen auf einem Gitter zugedeckt mit einem Tuch auskühlen lassen. Am nächsten Tag anschneiden.

Zucchini-Brot

Zutaten:
400 g Weizen oder Dinkel, fein gemahlen
100 g Roggen, mittelfein gemahlen
20 g Hefe
1 Teel. Sauerteig
2 Eßl. Honig
2 Eßl. Öl
10 g Meersalz
3 kleine Zucchinis
Flüssigkeit (Wasser)

Zubereitung:
Die Zucchinis waschen, kleinschneiden und mit Wasser bedeckt kurz aufkochen, bis sie fast gar sind. Durch ein Sieb streichen und 350 g abmessen.
Mit diesem Mus und den restlichen Zutaten einen weichen Hefeteig kneten (wie Fasnachtsküchlein). Zugedeckt in der Wärme eine halbe Stunde stehen lassen, bis der Teig deutlich gegangen ist. Dann wirkt man einen runden Laib, gibt ihn in eine gefettete Springform oder auf ein gefettetes Backblech, bestreicht mit Wasser und bestreut nach Belieben mit Kümmel oder geröstetem Sesam. Oberfläche rautenförmig mit dem Messer einschneiden und sofort in den Ofen geben.

Backen:
Im vorgeheizten Ofen bei 200 Grad etwa 35-40 Minuten backen.

Fladen-Brot

Zutaten:
250 g Dinkel, fein gemahlen
160 g Wasser
2 gestr. Teel. Meersalz
20 g Hefe
60 g Butter

Öl zum Bestreichen

Zubereitung:
Die Hefe mit einem Teil des Wassers und 1 Eßl. Mehl verrühren, dann 10 Minuten stehen lassen.
Das Mehl in eine Schüssel geben, die restlichen Zutaten dazu und mit der angerührten Hefe alles zu einem geschmeidigen Teig kneten. Das dauert mindestens 10 Minuten. Dann zugedeckt an warmer Stelle 20 Minuten ruhen lassen.

Nun den Teig auf bemehlter Unterlage nochmals durchkneten, in 5-6 Teile schneiden. Die einzelnen Teile rund rollen und auf ein gefettetes Backblech legen, flach drücken und mit Öl einpinseln. Mit Oregano und Rosmarin bestreuen und backen.

Backen:
Im vorgeheizten Ofen bei 200 Grad 20 Minuten backen.
Fladen schmecken warm am besten.

Mohnstriezel (Rezept Seite 26)

Schwäbisches Schnitzbrot (Rezept Seite 27)

Frühstücksbrot mit Honig

Zutaten:
750 g Dinkel
ca. 400 g Wasser
30 g Hefe
180 g Honig
2 Teel. Sauerteig (siehe Herstellung von Sauerteig)
1/2 Teel. Meersalz
3 Eßl. gehackte Mandeln

Zubereitung:
Die Hefe mit etwas Flüssigkeit und 1 Eßl. Mehl verrühren und 10 Minuten stehen lassen. Dann das Mehl in eine Schüssel geben, die gegangene Hefe und die übrigen Zutaten dazugeben und alles gründlich kneten (mindestens 10 Minuten), bis ein elastischer Teig entsteht. Zugedeckt an warmer Stelle 30 Minuten ruhen lassen, bis der Teig sich gehoben hat.
Dann den Teig nochmals kurz durchkneten und in eine gefettete Kastenform legen und sofort in den Ofen schieben.

Backen:
Im vorgeheizten Ofen bei 200 Grad etwa 40-50 Minuten backen.
Sollte die Oberfläche zu rasch bräunen, nach der halben Backzeit mit Pergamentpapier abdecken.

Ostpreußischer Mohnstriezel

Zutaten für den Teig:
750 g Weizen oder Dinkel, fein gemahlen
200 g Butter
40 g Hefe
100 g Honig
ca. 400 g Milch
1/2 abgeriebene Zitrone, ungespritzt
1/2 Teel. Meersalz

Zubereitung:
Wie Fasnachtsküchlein

Nach dem Gehen auf dem Holzbrett zu einer Platte ausrollen, etwa in der Größe eines Backblechs, und mit der Füllung bestreichen.

Zutaten für die Füllung:
250 g Mohn
2 Eier, getrennt
50 g gemahlene Mandeln
100 g Honig
Saft und Schale einer ungespritzten Zitrone
1/2 Teel. Meersalz
2 Teel. Zimt
etwa 1 Tasse Sahne

Zubereitung:
Den Mohn in einer Getreidemühle mit Stahl- oder Keramik-Mahlwerk mahlen. Aus Eigelb und Honig eine Creme rühren, alle weiteren Zutaten zugeben, den Eischnee zuletzt. So viel Sahne zugeben, daß eine streichfähige Masse entsteht. Die ausgerollte Teigplatte gleichmäßig mit der Füllung bestreichen, die Ränder etwas frei lassen, von der Längsseite aus vorsichtig aufrollen, mit der Naht nach unten auf ein gefettetes Backblech setzen,mit Eigelb bestreichen und 15 Minuten ruhen lassen.

Backen:
Im vorgeheizten Ofen bei 200 Grad etwa 35-40 Minuten backen.

Schwäbisches Schnitzbrot

Zutaten:
500 g Roggen, fein gemahlen
500 g Weizen, mittelfein gemahlen
ca. 600 g Wasser
15 g Meersalz
500 g Trocken-Birnen (Schnitz) ungeschwefelt
250 g Trocken-Aprikosen ungeschwefelt
200 g Rosinen
200 g Korinthen
100 g Haselnüsse, grob gehackt
50 g Zitronat
50 g Orangeat
2 Teel. gemahlener Zimt
1 Messersp. Nelken, gemahlen
40 g Hefe
1 Packung Sauerteig

Zubereitung:
Am Abend 300 g Roggenmehl mit 200 g gut warmem Wasser und 1 Packung Sauerteig verrühren, warm stellen und zudecken. In einer Schüssel Birnen und Aprikosen mit etwa 600 g Wasser einweichen. Am anderen Morgen das Mehl, Nüsse, Korinthen, Orangeat, Zitronat, gekrümelte Hefe und Gewürze zugeben und mit dem abgegossenen Einweichwasser und so viel zusätzlichem Wasser einen Teig kneten, daß er nicht zu trocken ist. Zugedeckt in der Wärme etwa 2 Stunden stehen lassen.
Teig in zwei Kastenformen streichen, mit Wasser einpinseln, mit geschälten Mandeln und streifig geschnittenem Zitronat verzieren. Zugedeckt nochmals 1/2 Stunde stehen lassen.

Backen:
Im vorgeheizten Ofen bei 180 Grad etwa 1 Stunde backen.
Hält sehr lange frisch.

Türken-Bund

Zutaten:
800 g Weizen oder Dinkel, fein gemahlen
40 g Butter
40 g Hefe (oder Trockenhefe nach Angabe)
60 g Honig
450 g Flüssigkeit, halb Milch, halb Wasser
100 g Orangeat, kleingeschnitten
5 Tropfen Orangen-Öl
oder 1/2 abgeriebene Orangenschale ungespritzt
1 Teel. Meersalz

Eigelb oder Milch zum Bestreichen

Zubereitung:
Wie bei Fasnachtsküchlein.

Das Orangeat in den fertigen Teig einkneten.

Nach dem Gehen nochmals kurz bearbeiten, ein Stück von der Größe eines Brötchens abnehmen und beiseite legen. Einen runden Laib formen, indem immer von außen nach innen eingeschlagen wird, bis sich eine glatte Unterseite gebildet hat. Nun drückt man etwas flach, schneidet oben kreuzweise ein und setzt das rund gewalkte kleine Teigstück obenauf, bestreicht alles mit Eigelb oder Milch, bestreut mit Sesam und legt es in eine gefettete Springform.
Mit dem Messer ringsum mehrere Einschnitte machen.

Backen:
Im vorgeheizten Ofen bei 180-200 Grad etwa 30-40 Minuten backen.

Elsäßer Gugelhupf

Zutaten:
500 g Dinkel oder Weizen, sehr fein gemahlen
10 g Meersalz
60 g Honig
2 Eier
300 g Milch
1 Packung Trockenhefe
80 g Rosinen
50 g ganze Mandeln
200 g Butter

Zubereitung:
Mehl mit der Trockenhefe vermischen, danach Salz, Honig, Eier und lauwarme Milch zugeben und etwa 10 Minuten kräftig mit der Hand schlagen, dann die weiche Butter zugeben und weiterkneten, bis sich der Teig von der Schüssel löst. Mit einem Tuch bedeckt in der Wärme stehen lassen, bis sich der Teig gehoben hat. Dann nochmals kräftig kneten (zusammenschlagen). Nun können nach Belieben Rosinen zugegeben werden, die man zuvor in einer kleinen Schüssel in Wasser oder Rum eingeweicht hat. Einweichwasser abgießen und gesondert verwenden.
Nun buttert man eine Gugelhupf-Form aus, gibt in jede Vertiefung eine Mandel und legt den Teig ein. Er muß nochmals in der Wärme gehen, bis er den oberen Rand erreicht hat.

Backen:
Im vorgeheizten Ofen bei 200 Grad etwa 5 Minuten, bei 175 Grad weitere 40 Minuten backen.
Bei zu schneller Bräunung mit Pergamentpapier bedecken. Sofort nach dem Backen stürzen und auskühlen lassen.

Dorotheas Apfel-Rosen

Zutaten:
450 g Dinkel oder Weizen, fein gemahlen
300 g Milch oder halb Milch, halb Wasser
1 Messersp. Meersalz
1 Eßl. Honig
1 Eßl. Butter
1 Eßl. Quark
20 g Hefe

Zubereitung:
Wie bei Fasnachtsküchlein.

Nach dem Gehen eine rechteckige Platte ausrollen, etwa in der Größe eines Backblechs und mit der Füllung belegen. Etwa 4 cm vom Rand entfernt frei lassen.

Füllung:
50 g Haselnüsse, fein gemahlen
50 g Mandeln, ungeschält gemahlen
1 Teel. Zimt
1 Eßl. weiche Butter
2 Eßl. Honig
etwas Sahne
2 vom Kerngehäuse befreite, ungeschält grob geraspelte Äpfel

zuckerfreie Aprikosenmarmelade zum Bestreichen.

Mit Ausnahme der Äpfel alle Zutaten zusammenrühren, mit so viel Sahne vermischen, daß eine streichfähige Masse entsteht. Zuletzt die Äpfel daruntergeben, das Ganze von der Längsseite her vorsichtig aufrollen. Nun in 12 Stücke schneiden, mit der Schnittfläche nach oben so auf ein gefettetes Backblech oder Springform setzen, daß dazwischen ein kleiner Abstand entsteht. Jede Oberfläche etwas auseinanderziehen, so daß eine Rosenblüte entsteht.

Backen:
Im vorgeheizten Ofen bei 175-200 Grad etwa 30 Minuten backen.
Den noch warmen Kuchen mit Aprikosenmarmelade einpinseln, die man mit etwas Wasser verdünnt hat.

Hafer-Laib

Zutaten:
750 g Weizen oder Dinkel, mittelfein gemahlen
60 g Hefe
1/2 Liter Milch
1 Teel. Honig
20 g Meersalz
250 g Haferflocken

Zubereitung:
Wie Fasnachtsküchlein.
Zuletzt die Haferflocken zugeben und einkneten. Dann zugedeckt gehen lassen.

Dann wird der Teig kurz durchgeknetet, in zwei Teile geteilt, zu Kugeln geformt und auf ein mit Backpaier ausgelegtes Backblech gelegt. Mit Wasser bestreichen und mit Haferflocken bestreuen. Mit einer Sprühflasche übersprühen, um die Flocken festzuhalten.

Backen:
Im vorgeheizten Ofen bei 220 Grad etwa 20 Minuten, bei 200 Grad weitere 20-25 Minuten backen.

Statt gekaufter Haferflocken läßt sich mit einer im Handel erhältlichen Hafer-Quetsche von Hand oder elektrisch der Hafer frisch zu Flocken quetschen. Sehr zu empfehlen.

Hafer-Wecken

Zutaten:
375 g Weizen, mittelfein gemahlen
125 g Haferflocken
40 g Hefe
1/4 Liter lauwarme Milch
2 Teel. Meersalz
Milch zum Bestreichen
Haferflocken oder Kümmel zum Bestreuen

Zubereitung:
Wie Fasnachtsküchlein.
Zugedeckt in der Wärme 30 Minuten stehen lassen.

Dann den Teig kurz durcharbeiten, zu einer Rolle formen und daraus 12 Stücke schneiden. Jedes Teigstück rund walken, indem immer von außen nach innen eingeschlagen wird, um eine glatte Unterseite zu bekommen. Mit der glatten Seite nach oben auf ein gefettetes Backblech legen, mit Milch bestreichen und mit Haferflocken oder Kümmel bestreuen. Kurz gehen lassen und vor dem Backen mit Wasser aus der Sprühflasche besprühen.

Backen:
Im vorgeheizten Ofen bei 200 Grad etwa 20 Minuten backen.

Statt gekaufter Haferflocken läßt sich mit einer im Handel erhältlichen Hafer-Quetsche von Hand oder elektrisch der Hafer frisch zu Flocken verarbeiten. Sehr zu empfehlen.

Obst-Blechkuchen mit Mandeln

Zutaten:
250 g Weizen oder Dinkel, fein gemahlen
30 g Buchweizen, fein
30 g Hefe
1/4 Liter Milch
3-4 Eßl. Honig
70 g zerlassene Butter
130 g Mandeln, fein gemahlen
6 bittere Mandeln, fein gemahlen
abgeriebene Schale einer Zitrone, ungespritzt
1200 g Süßkirschen (oder Birnen, Zwetschgen oder Äpfel)

Zubereitung:
Hefe mit Milch und 1 Eßl. Mehl verrühren und 10 Minuten stehen lassen. Weizen und Buchweizen fein mahlen, dann alle Zutaten in einer großen Schüssel verrühren und mit dem Holzlöffel schlagen, gleichmäßig auf ein gefettetes Backblech streichen und 30 Minuten zugedeckt in der Wärme gehen lassen.
Obst vorbereiten: Äpfel vom Kerngehäuse befreien, Kirschen nicht entsteinen, Äpfel und Birnen in feine Scheiben schneiden, Zwetschgen entsteinen und halbieren. Obst gleichmäßig auf dem Teig verteilen. Obenauf die geschmolzene Butter tropfen und mit Honig süßen.

Backen:
Im kalten Ofen - bei 200 Grad etwa 35 Minuten backen.

Ländlicher Sauerrahm-Kuchen

Zutaten für den Teig:
250 g Weizen oder Dinkel, fein gemahlen
125 g Butter
1 Ei
2 Eßl. Milch
15 g Hefe
1 Messersp. Meersalz

Zubereitung:
Das Mehl in eine Schüssel geben, die Hefe darüberkrümeln, das verquirlte Ei, die Butter in Flöckchen, Salz und Milch darübergeben und zusammenkneten, bis der Teig glatt ist.
Er kann ohne Gehzeit sofort weiterverarbeitet werden.

Zutaten für den Belag:
1/2 Liter Milch
2 gehäufte Eßl. Dinkel, fein gemahlen
100 g Honig
1 Ei, verquirlt
abgeriebene Schale einer halben Zitrone, ungespritzt
6 Eier, getrennt
600 g saure Sahne

Obenauf Obst: z.B. Aprikosen, Sauerkirschen, Äpfel oder Rosinen

Zubereitung:
In die Milch den Honig und das Mehl einrühren und langsam zum Kochen bringen, dabei ständig rühren. Leicht köcheln lassen und mit dem Schneebesen schlagen. Ein verquirltes Ei darunterschlagen und erkalten lassen. Dann Zitronenschale und 6 Eigelb darunterschlagen, den Sauerrahm zugeben und zuletzt den steifen Eischnee unterziehen. Kann evtl. mit Obst belegt werden.

Backen:
Im vorgeheizten Ofen bei 200 Grad etwa 45 Minuten backen.

Fasnachtsküchlein

oder

Berliner Pfannkuchen

Zutaten:
320 g Dinkel, fein gemahlen
150 g Milch
40 g Hefe
1 Ei
2 Eßl. Honig
1/2 Teel. Meersalz
1 Eßl. Butter

Olivenöl zum Ausbacken
150 g gemahlene Haselnüsse zum Bestreuen
etwas zuckerfreie Marmelade zum Füllen

Zubereitung:
Das Mehl in eine Schüssel geben, das Salz daruntermischen, Hefe zerkrümeln und darüberstreuen, Butter in Flöckchen verteilen und mit dem Wasser einen geschmeidigen Teig kneten (mindestens 10 Minuten). Mit der glatten Seite nach oben in der Schüssel zugedeckt in der Wärme ruhen lassen, bis sich der Teig deutlich gehoben hat. Dann auf dem Brett in 10-12 Stücke teilen und zu runden Brötchen rollen, wobei von außen nach innen eingeschlagen wird, um eine glatte Unterseite zu bekommen. Dann drückt man auf einer Seite eine Vertiefung ein, gibt etwas zuckerfreie Marmelade hinein und verschließt die Kugel wieder gut.
Mit der Verschlußseite auf ein bemehltes Tuch legen.

In einem Topf mit kleinem Durchmesser etwa 1/2 Liter Olivenöl erhitzen, bis ein hineingehaltener Holzlöffen Blasen entstehen läßt. Das Öl nicht stärker erhitzen, auf keinen Fall rauchheiß werden lassen. Nun die Kugeln, etwa 2-3 Stück hineingeben und auf beiden Seiten braun werden lassen. Das dauert nur wenige Minuten. Dann mit dem Schaumlöffel heerausholen und auf Küchenkrepp legen. So verfahren, bis alle Teile gebacken sind. Öl möglichst nicht mehrmals verwenden. In eine flache Schale die gemahlenen Haselnüsse geben und die Kugeln darin wälzen.

Überschlag-Brötchen

Zutaten:
500 g Weizen oder Dinkel, fein gemahlen
100 g Butter
250 g Mehl
70 g Hefe
1 Teel. Meersalz
1 1/2 Teel. Honig

100 g Butter zum Belegen

Zubereitung:
Aus den angegebenen Zutaten einen geschmeidigen Hefeteig bereiten (siehe Fasnachtsküchlein).
Der gegangene Teig wird zu einer länglichen Platte (15 x 60 cm) ausgerollt und mit feinen Scheibchen kalter Butter belegt. Dann schlägt man eine Längsseite zu einem Drittel ein, danach wird die andere Seite darübergeschlagen, so daß eine Rolle entsteht.
Nun schneidet man durch Zick-Zack-Schnitt 12-15 Stücke, so daß dreieckige Teile entstehen, streicht sie mit verquirltem Eigelb und bestreut sie mit Sesam oder Mohn. Auf ein gefettetes Backblech legen und sofort backen.

Backen:
Im vorgeheizten Ofen bei 225 Grad etwa 20 Minuten backen.

Dorotheas Apfel-Rosen (Rezept Seite 30)

Türken-Bund *(Rezept Seite 28)*

Etagen-Brötchen

Zutaten für die Brötchen:
600 g Dinkel oder Weizen, mittelfein gemahlen
60 g Sauerteig (siehe Herstellung von Sauerteig)
ca. 150 g Wasser
3 Teel. Meersalz
50 g Hefe
1 Ei
40 g Butter
1 Eßl. Quark
Eigelb zum Bestreichen

Zubereitung:
Die Hefe mit etwas Wasser und 1 Eßl. Mehl verrühren und 10 Minuten stehen lassen.
Das Mehl in eine Schüssel schütten, Hefe, Sauerteig, Wasser, Salz, Butter, Quark und Ei zugeben und mit der Hand einen geschmeidigen Teig kneten (mindestens 10 Minuten). Dann bedeckt in der Schüssel warm stellen, bis sich der Teig gehoben hat. Danach kurz durchkneten und in 12 Teile schneiden. Jedes Stück zu einer Kugel wirken, indem man von außen nach innen einschlägt, so daß eine glatte Unterseite entsteht. Die kleinen Kugeln legt man mit der Unterseite nach oben auf ein gefettetes Backblech, drückt etwas flach, bestreut mit verquirltem Eigelb und streut Sesam darüber.

Backen:
Im vorgeheizten Ofen bei 200 Grad etwa 20 Minuten backen.

(Fortsetzung Etagenbrötchen Seite 38)

Fortsetzung **Etagen-Brötchen**

Zutaten für die Füllung:
50 g Grünkern, fein gemahlen
80 g Roggen, mittelfein
50 g Buchweizen, fein
2 Eier
2 Knoblauchzehen, gepreßt
1/4 Liter Wasser
1 Stange Porree (Lauch)
1 Eßl. Liebstöckl, gehackt
2 Eßl.Petersilie, gehackt
Pfeffer aus der Mühle
Kräutersalz

Zubereitung:
Grünkern, Buchweizen und Roggen frisch mahlen und mit Wasser verrühren, etwa 1 Stunde stehen lassen. Den Porree in feine Ringe schneiden, in 1 Eßl. Butter in der Pfanne glasig dünsten. Dann Ei, Knoblauch, Pfeffer, Kräuter zugeben und gut abschmecken. Aus dieser Masse formt man 12 Klopse, die in der Pfanne in 1-2 Eßl. Öl langsam gebraten werden.

Zusammensetzen:
Die Brötchen aufschneiden, ein Salatblatt auf die untere Hälfte legen, dann je einen Bratling darauflegen, mit feingeschnittenen Zwiebelringen, Gurke oder Tomate abdecken und die leicht gebutterte Oberseite auflegen. Damit können Sie Ihre Party überraschen.

Laugen-Bretzeln, -Wecken, -Stängchen

Zutaten:
500 g Dinkel, fein gemahlen
2 gestr. Teel. Meersalz
20 g Hefe
1 Eßl. Butter
etwa 300 g Wasser
5%ige Natronlauge
grobes Bretzelsalz

Zubereitung:
Das Mehl in eine Schüssel geben, Salz daruntermischen, Hefe zerkrümeln und darüberstreuen, Butter in Flöckchen verteilen und mit dem Wasser einen geschmeidigen Teig kneten (mindestens 10 Minuten). Mit der glatten Seite nach oben in der Schüssel zugedeckt in der Wärme ruhen lassen, bis sich der Teig deutlich gehoben hat. Dann auf dem Backbrett kurz durchwalken und in etwa 10-12 Stücke teilen. Nun rollt man Stränge aus, die in der Mitte etwas dicker sein sollen, um den Bretzelbauch zu erhalten. Auf den Enden läßt man eine kleine Verdickung stehen. Nun legt man den Strang hufeisenförmig auf den Tisch, schlingt einmal umeinander und legt die Enden zurück auf den Bretzelbauch.
Will man Brötchen formen, teilt man in 12-16 Stücke, formt Brötchen, indem von außen nach innen eingeschlagen wird, um so eine glatte Unterseite zu bekommen. Man kann diese Brötchen nochmals in zwei Teile teilen, rollt davon 7-8 cm lange Rollen aus. Sind die Teile geformt, werden sie auf ein oder mehrere Brettchen gelegt und in den Kühlschrank gestellt. Sie gehen dann schon etwas auf, sollen aber fest werden, was mindestens 1 Stunde dauert. Dann werden die Stücke getaucht. Dazu besorgt man sich in der Apotheke 5%ige Natronlauge, gibt davon in eine kleine Glasschüssel und taucht nun am besten mit der Bratschaufel, wie sie zum Wenden von Bratkartoffeln verwendet wird, ein Teil nach dem anderen in die Lauge, nimmt heraus und legt sie auf ein mit Backpapier ausgelegtes Backblech. Holz sollte möglichst nicht mit der Lauge in Berührung kommen, da es sich dunkel verfärben kann. Nun schneidet man den Bauch der Bretzeln mit einem scharfen Messer ein, die runden Brötchen werden entweder mit der Schere einmal quer oder kreuzweise eingeschnitten, die Stängchen mit der Schere mehrmals quer. Dann streut man sehr sparsam das Bretzelsalz darüber.
Backen:
Im vorgeheizten Backofen etwa 15-20 Minuten bei 220 Grad backen.

Vorsicht! - Für Kinder unzugänglich aufbewahren, restliche Flüssigkeit sofort in die Flasche zurückgießen, keine Saftflaschen verwenden, um Irrtümer auszuschließen. Nicht in die Augen spritzen. Kleidung wird nicht verätzt.

Pizza mit Schafskäse

Zutaten:
400 g Dinkel, mittelfein gemahlen
200 g Wasser
40 g Hefe
1 Prise Meersalz
1 Teel. Honig
1 Eßl. Butter

Zubereitung:
Wie Fasnachtsküchlein.
Teig zugedeckt in der Wärme 15 Minuten ruhen lassen.

Dann walkt man den Teig auf bemehlter Unterlage aus, legt ihn auf ein gefettetes Backblech und belegt ihn mit der Füllung.

Zum Belegen:
250 g Schafskäse
4 Fleischtomaten
3 Stangen Porree (Lauch)
1 Zwiebel
Pfeffer aus der Mühle
Prise Meersalz

Der Schafskäse wird in kleine Würfel geschnitten, die Fleischtomaten in Scheiben. Porree waschen und in feine Ringe schneiden und in etwas Butter in der Pfanne glasig dünsten, ebenso die Zwiebel. Abkühlen lassen. Mit Pfeffer und einer Spur Meersalz abschmecken. Alle Zutaten der Reihe nach auf den Teigboden geben und sofort backen.

Backen:
Im vorgeheizten Ofen bei 200 Grad etwa 20-30 Minuten backen.

Zimt-Rollen

Zutaten:
500 g Dinkel oder Weizen, fein gemahlen
ca. 1/4 Liter warme Milch
40 g Hefe
80 g Honig
80 g Butter
1 Eigelb
1 Prise Meersalz
2 gehäufte Teel. Zimt, gemahlen

Zubereitung:
Hefe mit etwas Mehl und einem Teil der Milch anrühren und etwa 10 Minuten stehen lassen. Das Mehl in eine Schüssel geben, Hefe mit den restlichen Zutaten dazugeben und einen geschmeidigen Teig kneten (mindestens 10 Minuten).
Zu einer Kugel geformt, zugedeckt in der Wärme stehenlassen, bis sich der Teig gehoben hat.
Danach den Teig nochmals kurz durchkneten, in 12-16 Teile schneiden und zu runden, dann länglichen Brötchen wirken. Auf ein gefettetes Backblech setzen, mit Milch bestreichen, mit Zimt überpudern und backen.

Backen:
Im vorgeheizten Ofen bei 200 Grad etwa 20 Minuten backen.

Mohn-Wecken

Zutaten:
400 g Weizen oder Dinkel, fein gemahlen
50 g Roggen, fein gemahlen
30 g Hefe
ca. 350 g Wasser oder halb Wasser, halb Milch
2 gestr. Teel. Meersalz
80 g Mohn, gemahlen (kann in Stahl- oder Keramik-Mühle gemahlen werden)
Milch zum Einpinseln

Zubereitung:
Flüssigkeit in eine Schüssel geben, Hefe darin auflösen, Salz, Mohn und das frisch gemahlene Mehl zugeben. Kräftig kneten (mindestens 10 Minuten), bis sich der Teig von der Schüssel löst. Zugedeckt in der Wärme 30 Minuten gehen lassen.
Danach kurz durchkneten, zu einer Rolle formen, etwa 10 Teigstücke daraus schneiden und jedes Teilchen rund wirken. Auf ein gefettetes Backblech setzen, mit Milch einpinseln und nochmals 5 Minuten ruhen lassen.

Backen:
Im vorgeheizten Ofen bei 200 Grad 15-20 Minuten backen.

Hefe-Mäuschen

Zutaten:
600 g Weizen, fein gemahlen
30 g Hefe
ca. 350 g warme Milch
2 Eßl. Honig
1/2 Teel. Meersalz
1 Eßl. Butter
1 Eßl. Quark
1 gestr. Teel. gemahlener Zimt

Rosinen für die Augen
Strohhalm oder Sticker für den Schnurrbart
Eigelb zum Bestreichen
Mohn zum Bestreuen

Zubereitung:
Das frisch gemahlene Mehl in eine Schüssel geben, in die Mitte eine Vertiefung drücken, die zerkrümelte Hefe hineingeben und mit einem Teil der Milch zu einem Brei rühren und 10 Minuten stehen lassen. Den Rest der Zutaten außen herumgeben und mit dem Rest der Flüssigkeit von der Mitte aus mit dem Holzlöffel einen Teig rühren, der von Hand weiterbearbeitet wird.
Mindestens 10 Minuten kräftig kneten, bis sich der Teig von der Schüssel löst. Dann zugedeckt in der Wärme 20 Minuten ruhen lassen, bis sich der Teig gehoben hat. Nochmals kurz bearbeiten, zu einer Rolle formen und in 16 Stücke teilen. Jedes Teigstück wird zuerst rund, dann länglich gerollt, auf ein gefettetes Backblech gesetzt, mit verquirltem Eigelb bestrichen, auf einer Seite spitzig geformt und von beiden Seiten eine Rosine als Auge eingedrückt.
Nun wird das Ganze mit Mohn bestreut und für die Ohren mit der Schere kräftig eingeschnitten. Sie stellen sich beim Backen hoch. Auf die gleiche Weise können Igel gearbeitet werden, indem der ganze Körper mit der Schere eingeschnitten wird.

Backen:
Im vorgeheizten Ofen bei 200 Grad etwa 20 Minuten backen.
Gleich nach dem Backen einen Zahnstocher durch das Schnäuzchen stecken. Fertig ist die Maus.

Kürbiskern-Brötchen

Zutaten:
650 g Dinkel oder Weizen, fein gemahlen
40 g Hefe
etwa 400 g Flüssigkeit, Wasser oder Milch
20 g Butter
2 Eßl. Quark
1 Prise Meersalz
Muskat
1 Teel. Honig
3 Eßl. getrocknete Kürbiskerne

Zubereitung:
Das frisch gemahlene Mehl in eine Schüssel geben, in die Mitte eine Vertiefung drücken, die zerkrümelte Hefe hineingeben und mit einem Teil der Flüssigkeit zu einem Brei rühren - 10 Minuten stehen lassen. Dann die übrigen Zutaten zugeben und einen gschmeidigen Teig kneten (mindestens 10 Minuten). Zugedeckt in der Wärme 20 Minuten ruhen lassen, bis sich der Teig gehoben hat.
Nochmals kurz bearbeiten, dann eine Rolle formen und 16 gleichmäßige Stücke abteilen. Die kleinen Teigteile rund walken, dabei immer von außen nach innen einschlagen, damit eine glatte Unterseite entsteht. Auf ein gefettetes Backblech setzen mit der glatten Seite nach oben, mit verquirltem Eigelb bestreichen und in jedes Brötchen etwa 8 Kürbiskerne drücken. Mit einem Pinsel kaltes Wasser darüberpinseln und sofort backen.

Backen:
Im vorgeheizten Ofen bei 200 Grad etwa 20-25 Minuten backen.

Mürbeteig

Wie der Name sagt, ist Mürbegebäck aufgrund seines hohen Fettanteils sehr zart. Es läßt sich mühelos herstellen, auch mehrere Tage vor der Verwendung. Der Teig muß gut gekühlt werden.

Das Mehl für diese Teige sollte sehr fein gemahlen sein, sonst wird das Gebäck hart und spröde. Ein Aussieben ist nicht nötig.
Es gibt viele Möglichkeiten für die weitere Verwendung, wie z.B. für Obstböden, Torteletts, Kuchen, Schnitten oder Kleingebäck - süß oder salzig.

Die Zutaten sollten möglichst rasch verarbeitet werden. Der Teig wird bis zum Zusammenhalten mit einem Messer gehackt, dann mit kalten Händen schnell geknetet. Er darf ruhig noch Streifen haben. Sollte er beim Ausrollen kleben, ist er nicht kühl genug. Evtl. kann man ihn zwischen zwei Klarsichtfolien ausrollen.

Mürbeteig wird bei großer Hitze gebacken. Wird ein Boden ohne Belag gebacken (blind), sticht man mit einer Gabel einige Male ein, damit sich der Teig nicht wölbt. Man kann ihn auch mit getrockneten Erbsen belegen und backen. So bleibt er schön gerade.Die Erbsen werden nach dem Backen einfach abgeschüttelt - sie können wieder verwendet werden.

Mürbeteig - Grundrezepte

1. süß, ohne Ei
200 g Weizen oder Dinkel, sehr fein gemahlen
90 g Butter
1 Prise Meersalz
1 Messersp. Weinstein-Backpulver
2 Teel. flüssiger Honig
4 Eßl. kaltes Wasser

2. salzig, ohne Ei
200 g Weizen oder Dinkel, sehr fein gemahlen
80 g Butter
1/2 Teel. Meersalz
1 Messersp. Weinstein-Backpulver
5 Eßl. kaltes Wasser

3. sehr fein, mit Eiweiß
175 g Dinkel, sehr fein gemahlen
1 Messersp. Honig
90 g kalte Butter
1 Eiweiß, leicht verquirlt

4. süß, mit Ei
250 g Dinkel, sehr fein gemahlen
2 Eßl. Honig
1 Prise Meersalz
150 g Butter
1 Ei

5. salzig, ohne Ei
250 g Dinkel, sehr fein gemahlen
125 g Butter
4 Eßl. Sahne
1/2 Teel. Meersalz
1 Eigelb oder Milch zum Bestreichen
1 Eßl. geriebener Käse oder Mohn

Apfelkuchen auf Mürbeteig

Zutaten:
Siehe Mürbeteig - Grundrezept Nr. 1

Zubereitung:
Das sehr fein gemahlene Mehl in einer Schüssel oder auf dem Holzbrett etwas anhäufen, in die Mitte eine kleine Vertiefung drücken, das Wasser und den Honig hineingeben und etwas verrühren, Salz und Backpulver unter das Mehl mischen, die Butter in Flöckchen darübergeben und mit einem Messer hacken, bis sich die Masse zusammenballt. Dann sehr schnell mit kalten Händen eine Kugel kneten. In Folie einschlagen, etwa 1 Stunde in den Kühlschrank legen.
Den gekühlten Teig ausrollen und eine gefettete Springform damit auslegen, den Rand hochziehen.

Belag:
1 Kg mürbe Äpfel
Honig
Zimt

Guß:
2 Eier
125 g Sahne
2 Eßl. Honig
1 Teel. Zimt, gemahlen
1 Eßl. Dinkel, fein gemahlen

Für den Belag die Äpfel schälen, das Kerngehäuse ausschneiden und zuerst in Viertel, dann nochmals durchteilen, je nach Größe und kreisförmig auf den Boden der Form legen. Etwas Honig darüberträufeln.
Für den Guß alle angegebenen Zutaten gut durchschlagen und auf die Äpfel gießen.

Backen:
Im vorgeheizten Ofen bei 200 Grad etwa 30-40 Minuten. Der Guß sollte fest sein, jedoch nicht braun.

Kirschen-Törtchen mit Guß

Zutaten:
Siehe Mürbeteig - Grundrezept Nr. 3 - für 12 Torteletts

Zubereitung:
Das sehr fein gemahlene Mehl in einer Schüssel oder auf dem Holzbrett etwas anhäufen, in die Mitte eine kleine Vertiefung drücken, das vequirlte Eiweiß hineingeben und verrühren. Die Butter in Flöckchen außen herum legen, den Honig verteilen und mit einem Messer so lange hacken, bis sich der Teig etwas zusammenballt. Nun sehr schnell mit kalten Händen eine Kugel kneten. In Folie eingeschlagen eine Stunde in den Kühlschrank legen.

Den gekühlten Teig etwa 1/2 cm dick ausrollen, mit einem Ausstecher von 10 cm-Durchmesser runde Plätzchen ausstechen und damit 6 cm-Durchmesser Tortelett-Förmchen auslegen. Böden mit der Gabel einstechen und backen.

Backen:
Im vorgeheizten Ofen bei 220 Grad etwa 5-7 Minuten backen.

Füllung:
1 Ei
1 Eßl. Honig
4 Eßl. Sahne
2 Eßl. Milch
24 Süßkirschen, entsteint
oder Schattenmorellen
1/2 Teel. gemahlener Zimt

Fertigstellung:
Ei, Honig, Sahne und Milch verquirlen, bis die Masse schaumig ist, dann mit Zimt abschmecken.
Die Böden aus dem Ofen nehmen, auf jedes Törtchen 2 Kirschen legen, die Eiermasse darumgießen.

Backen:
Weitere 20 Minuten backen, bis die Eiermasse fest ist und zu bräunen beginnt.

Jägerbrötchen (Rezept Seite 65)

Schwäbischer Käsekuchen (Rezept Seite 51)

Französische Apfeltorte - Mürbeteig

Zutaten:
Siehe Mürbeteig - Grundrezept Nr. 3

Zubereitung:
Das sehr fein gemahlene Mehl in einer Schüssel oder auf dem Holzbrett etwas anhäufen, in die Mitte eine kleine Vertiefung drücken, das verquirlte Eiweiß hineingeben und verrühren, die Butter in Flöckchen außen herumlegen, den Honig verteilen und mit einem Messer so lange hacken, bis sich der Teig etwas zusammenballt. Nun sehr schnell mit kalten Händen eine Kugel kneten. In Folie eingeschlagen eine Stunde in den Kühlschrank legen.

Den gekühlten Mürbeteig auf leicht bemehlter Unterlage ausrollen und in eine Auflaufform legen, den Rand hochziehen (z.B. 26 x 20 cm oder 24 x 17 cm).

Füllung:
1 kg Kochäpfel
Saft und Schale einer ungespritzten Zitrone
80 g Honig
3 mürbe Äpfel

Die Kochäpfel schälen, das Kerngehäuse entfernen und in kleine Stücke schneiden, mit der Hälfte des Zitronensafts und 2 Eßl. Wasser in einen Topf geben und unter Rühren aufkochen, bis die Äpfel musig sind. Honig einrühren und so lange rühren, bis die Flüssigkeit eingekocht ist. Abkühlen lassen.

Dann die mürben Äpfel schälen, Kerngehäuse herausschneiden und in dünne Scheibchen schneiden. Mit dem restlichen Saft beträufeln, um das Braunwerden zu verhindern. Dann die eingedickte Apfelmasse auf dem Boden verteilen, die Apfelscheiben darauf fächerförmig anordnen und evtl. mit wenig Honig beträufeln oder einige Butterflöckchen darauf verteilen.

Backen:
Im vorgeheizten Ofen bei 200 Grad etwa 35 Minuten backen.
Nach dem Herausnehmen noch heiß mit Aprikosenmarmelade (zuckerfrei) bestreichen.

Obstkuchen, schwäbisch

Zutaten für den Mürbeteig:
250 g Dinkel oder Weizen, sehr fein gemahlen
60 g Butter
60 g Honig
1 Ei
1/2 Pckg. Weinstein-Backpulver
1 - 1 1/2 Tassen Milch

Zubereitung:
Butter und Honig zusammen rühren, dann die übrigen Zutaten zugeben, (das Mehl mit dem Backpulver vermischt) und schnell zu einem Kloß kneten. Kalt stellen.

1.200 g Rhabarber waschen, abtropfen, ungeschält in feine Scheibchen schneiden und eine Stunde lang mit 1-2 Eßl. Honig vermischt zugedeckt stehen lassen.

Guß:
3 Eigelb
80-100 g Honig
2 Eßl. Wasser
2 Eßl. gemahlene Haselnüsse
2 Eßl. Quark
Alle angegebenen Zutaten gut mischen

3 Eischnee
3 Eßl. Honig

Fertigstellung:
Den Mürbeteig ausrollen und in eine Springform legen, dabei den Rand etwas hochziehen. Den Rhabarber daraufgeben und mit dem Guß abdecken.
Den Eischnee fast steif schlagen, dann den Honig zugeben und weiterschlagen, bis die Masse steif ist. Obenauf streichen und backen.

Backen:
Bei 175 Grad etwa 45 Minuten backen.

Käsekuchen, schwäbisch

Zutaten für den Mürbeteig:
250 g Weizen oder Dinkel, fein gemahlen
50 g Butter
60 g Honig
1 Ei
1/2 Pckg. Weinstein-Backpulver
1 - 1 1/2 Tassen Milch

Zubereitung:
Butter und Honig zusammen cremig rühren, Ei, das mit Backpulver vermischte Mehl und Milch zugeben, schnell zu einem Kloß kneten und in Folie gewickelt 1 Stunde kalt stellen.

Käsebelag:
5 Eier, getrennt
100 g Honig
400 g süße Sahne
200 g saure Sahne
850 g Magerquark
3-4 Eßl. Dinkel, fein gemahlen

Zubereitung:
Eigelb mit Honig rühren, Sahne zugeben, den durchgestrichenen Quark, das Mehl und zuletzt den steif geschlagenen Eischnee darunterziehen.

Mürbeteig ausrollen, in eine Springform legen, Rand etwas hochziehen. Käsemasse einfüllen, glattstreichen und in den vorgeheizten Ofen geben. Nach der halben Backzeit kann der hochgegangene Rand der Käsemasse mit einem Messer ringsum eingeschnitten werden. Evtl. wiederholen.

Backen:
Bei 180 Grad etwa 60 Minuten backen.

Mürbe-Bretzel

Zutaten:
siehe Mürbeteig - Grundrezept Nr. 2

Zubereitung:
Das mit dem Backpulver gemischte Mehl in einer Schüssel oder auf dem Holzbrett etwas anhäufen, in die Mitte eine kleine Vertiefung drücken, das Wasser hineingeben und etwas verrühren, die Butter in Flöckchen außen herumlegen und mit einem langen Messer so lange hacken, bis sich der Teig etwas zusammenballt. Nun sehr schnell mit kalten Händen eine Kugel kneten. In Folie eingeschlagen eine Stunde in den Kühlschrank legen.
Aus dem Teig 2 Rollen formen, gleichmäßige Stücke abschneiden und wieder zu Strängen formen, etwa 10 cm lang, übereinanderschlagen und kleine Bretzeln formen. Auf ein gefettetes Backblech legen, mit verquirltem Eigelb oder Milch bestreichen, mit geriebenem Käse oder Mohn bestreuen und backen.

Backen:
Im vorgeheizten Ofen bei 200 Grad etwa 15 Minuten hellgelb backen.

Orangen-Teegebäck

Zutaten:
Siehe Mürbeteig - Grundrezept Nr. 4

Zubereitung:
Das sehr fein gemahlene Mehl in einer Schüssel oder auf dem Holzbrett etwas anhäufen, in die Mitte eine kleine Vertiefung drücken, das verquirlte Ei hineingeben und etwas verrühren. Dann die Butter in Flöckchen darauf verteilen, Salz und Honig zugeben und mit einem Messer so lange hacken, bis sich der Teig etwas zusammenballt. Nun sehr schnell mit kalten Händen eine Kugel kneten. In Folie verpackt eine Stunde in den Kühlschrank legen.

Den gekühlten Teig in zwei Teile teilen, zu Platten von je 20 x 30 cm ausrollen. Die eine Hälfte auf ein gefettetes Blech legen, an den Rändern etwas mit verquirltem Eiweiß bestreichen.

Belag:
120 g abgezogene, gemahlene Mandeln
100 g Honig
Saft und abgeriebene Schale einer Orange, ungespritzt
Saft einer ungespritzten Zitrone

Die feingemahlenen Mandeln mit Honig und so viel Zitronensaft, Orangensaft und abgeriebener Schale verrühren, bis sich die Masse streichen läßt.

Nun den Belag auf dem Boden verteilen und gleichmäßig verstreichen. Die zweite Platte darauflegen und die Ränder festdrücken, mit einer Gabel einstechen.
Mit Eigelb bestreichen und mit Mandelsplittern bestreuen.

Backen:

Im vorgeheizten Ofen bei 200 Grad etwa 20 Minuten backen.
In beliebig große Stücke schneiden.

Kräuter-Quiche - Mürbeteig

Zutaten für den Mürbeteig:
200 g Dinkel, sehr fein gemahlen
1/2 Teel. Meersalz
90 g kalte Butter
6 Eßl. kaltes Wasser
1 Messersp. Weinstein-Backpulver

Füllung:
100 g Sauerampfer
100 g Spinat
Brunnenkresse, Petersilie
Estragon, Dill, Kerbel zusammen etwa 3 Tassen
2 Eier
2 Tassen süße Sahne
Meersalz
Pfeffer aus der Mühle
60 g frisch geriebenen Parmesan

Zubereitung:
Die Zutaten für den Teig kurz mit dem Messer hacken, bis sich der Teig zusammenballt, dann schnell mit kalten Händen zu einer Kugel kneten. In Folie eingepackt etwa eine Stunde in den Kühlschrank stellen.
Den gekühlten Teig auf bemehlter Unterlage ausrollen und in eine Springform (27 cm Durchmesser) drücken. Rand etwas hochziehen.

Backen:
Im vorgeheizten Ofen bei 200 Grad etwa 10-15 Minuten backen. Vorher mit der Gabel mehrmals einstechen.

Für die Füllung Sauerampfer und Spinat waschen, abtropfen, kurz im Topf ohne Wasser erhitzen, bis die Blätter zusammenfallen. Danach kleinhacken, ebenfalls die Kräuter. Die Eier etwas verquirlen, mit der Sahne verrühren und abschmecken. Das Gemüse, die Kräuter und den Parmesan zugeben, gut vermischen und auf den Teigboden gießen.

Backen:
Bei 200 Grad etwa 30 Minuten backen. Warm servieren.

Pikante Taler - Mürbeteig

Zutaten:
500 g Dinkel oder Weizen, fein gemahlen
oder
400 g Dinkel und 100 g Hartweizen
180 g Wasser
120 g Öl
1/2 Teel. Kräutersalz
1/2 Teel. Kümmel, gemahlen

Belag:
250 g alter Gouda
100 g saure Sahne
2 Eßl. Wasser
1 Ei
Majoran, Curry, Knoblauchpulver,
1 Prise Kräutersalz
100 g Champignons oder Zwiebelringe
1 Eßl. Butter

Zubereitung:
Wasser und Öl mit dem Schneebesen gut verschlagen, Mehl mit Salz und gemahlenem Kümmel zugeben und zu einem Mürbeteig-Kloß verkneten. In Folie eingeschlagen 1 Stunde in den Kühlschrank legen.

Für den Belag den Käse reiben, Sahne, Wasser, Ei, Kräutersalz und Käse vermischen. Mit Knoblauch, Majoran und Curry abschmecken. Frische Champignons waschen, in dünne Scheibchen schneiden und in etwas Butter in der Pfanne kurz andünsten, abkühlen und zu der Masse geben. Statt der Pilze können wahlweise dünne Zwiebelringe verwendet werden.

Den gekühlten Teig rasch auf bemehlter Unterlage etwa 3 mm dick ausrollen, mit einem Glas Kreise von 6-7 cm Durchmesser ausstechen und in die Mitte etwas von dem Belag setzen, Rand etwas freilassen.

Backen:
Im vorgeheizten Backofen bei 200 Grad etwa 20 Minuten backen.

Quark-Blätterteig

Ein einfacher, aber sehr schmackhafter Blätterteig, bei dem nicht wie beim echten Blätterteig die Butter tourenmäßig eingeschlagen werden muß. Die im Quark enthaltene Milchsäure treibt den Teig auf. Er sollte möglichst über Nacht gut eingepackt im Kühlschrank liegen, er hält aber auch mehrere Tage, bevor er weiterverarbeitet wird.
Quark-Blätterteig eignet sich hervorragend für alle Arten von Kleingebäck, mit süßer oder salziger Füllung, auch pikante Strudel lassen sich herstellen.

Quark-Blätterteig-Kleingebäck

Zutaten:
250 g trockener Quark
250 g Dinkel oder Weizen, sehr fein gemahlen
250 g Butter
1/2 Teel. Backpulver
1 Prise Salz

Zubereitung:
Aus diesen Zutaten entweder in der Küchenmaschine oder mit kalten Händen auf dem Brett (muß schnell gehen) einen gleichmäßigen Teig kneten, in Folie einschlagen und kühl stellen, am besten über Nacht.

Weiterverarbeitung:
Den festen Teig etwas bearbeiten, bis er sich ausrollen läßt. Zu einer 2 mm dicken Platte ausrollen und in etwa 7-8 cm große Quadrate schneiden. Die Ecken schräg bis fast zur Hälfte einschneiden, in die Mitte ein Stückchen zuckerfreie Marmelade setzen, jeweils eine halbe Ecke nach innen schlagen und festdrücken.
Einen Teil der Quadrate außen mit Eiweiß bestreichen, etwas zuckerfreie Marmelade in die Mitte geben, die obere Hälfte nach unten schlagen und festdrücken. Dann mit dem Messer die untere Seite einige Male einschneiden und das Teilchen bogenförmig auseinanderziehen.
Auf einen Teil der ausgerollten Platte eine Springform legen (27 cm Durchm.), mit dem Messer außenherum schneiden, in Kuchenstücke, 8 Stück, schneiden. Die so entstandenen Dreiecke von der breiten Seite aus einrollen, dabei die Spitze mit der anderen Hand etwas lang ziehen. Hörnchen formen. Die Teilchen auf ein mit kaltem Wasser abgespültes Backblech setzen, mit verquirltem Eigelb bestreichen und backen.

Backen:
Im vorgeheizten Ofen bei 250 Grad ca. 15 Minuten backen. Nicht zu dunkel werden lassen.

Ungefüllte Teilchen können nach dem Bestreichen mit einer Spur Salz oder Kümmel bestreut werden. Sie passen dann zu Wein oder Bier.

Eignet sich gut zum Einfrieren.

Apfeltaschen aus Quark-Blätterteig

Zutaten für den Teig:
200 g trockener Quark
200 g Butter
200 g Weizen oder Dinkel, fein gemahlen
1 Prise Meersalz
1 Ei

Zutaten für die Füllung:
3 mürbe Äpfel
etwas Zitronensaft
1 Eßl. Rosinen
2 Teel. Honig

Zubereitung:
Teig wie beim Quark-Blätterteig-Kleinbebäck beschrieben zubereiten.

Den Teig auf bemehlter Unterlage messerrückendick ausrollen und kreisrunde Teile von 10 cm Durchmesser ausstechen. Für den Belag die Äpfel schälen, das Kerngehäuse herausschneiden, in kleine Scheibchen schneiden und mit Zitronensaft beträufeln. Rosinen und Honig zugeben, die Ränder mit Eiweiß bestreichen. In die Mitte jeweils etwas von der Füllung setzen, zur Hälfte umklappen und die Ränder festdrücken. Die runde Seite mit dem Messer einige Male einschneiden und mit Eigelb bestreichen. Auf ein gefettetes oder mit Backpapier ausgelegtes Backblech setzen.

Backen:
Im vorgeheizten Ofen bei 200 Grad etwa 25 Minuten backen.

Pilz-Ragout-Taschen aus Quark-Blätterteig

Zutaten:
250 g trockener Quark
250 g Butter
250 g Weizen oder Dinkel, fein gemahlen
1/2 Teel. Meersalz

Zubereitung:
Teig wie beim Quark-Blätterteig-Kleingebäck beschrieben zubereiten.

Zutaten - Ragout:
250 g frische Champignons
1 Teel. Butter
1 kleine Zwiebel
2 Eßl. Sahne
1 Teel. Dinkel, sehr fein gemahlen
Meersalz, Muskat, weißer Pfeffer

1 Ei, getrennt

Zubereitung - Ragout:
Die Pilze waschen, abtropfen und ohne Stiele blättrig schneiden. Dann zusammen mit der fein geschnittenen Zwiebel in der Butter leicht dünsten. Mehl überstäuben, Sahne zugeben und abschmecken. Die Flüssigkeit sollte eingekocht sein. Abkühlen.

Den Teig auf bemehlter Unterlage etwa messerrückendick ausrollen, dann kreisrunde Plätzchen von etwa 10 cm Durchmesser ausstechen. In die Mitte jeweils einen Klecks von der Füllung setzen, die Ränder mit Eiweiß bestreichen und zusammenklappen. Ränder festdrücken. auf ein mit Backpapier ausgelegtes Backblech setzen und mit verquirltem Eigelb bestreichen. Die runde Seite mit dem Messer einige Male einschneiden.

Backen:
Im vorgeheizten Ofen bei 200 Grad etwa 25 Minuten backen.
Schmeckt am besten warm.

Käsestangen aus Quark-Blätterteig

Zutaten:
200 g trockener Quark
200 g Butter
200 g Weizen oder Dinkel, fein gemahlen
1 Prise Salz

Zubereitung - Teig:
Wie bei Quark-Blätterteig-Kleingebäck.

Belag:
3-4 Eßl. geriebener Greyezer Käse
Paprikapulver, edelsüß
evtl. Kümmel
1 Eigelb mit Wasser verdünnt

Zubereitung:
Den Teig auf bemehlter Unterlage etwa messerrrückendick ausrollen, mit verquirltem Eigelb bestreichen, mit Paprikapulver oder Kümmel bestreuen und den geriebenen Käse daraufstreuen.
Mit Messer oder Backrädchen etwa 1 1/2 cm breite und 12-15 cm lange Streifen ausschneiden, zu Spiralen aufdrehen und auf ein mit Backpapier ausgelegtes Backblech legen.

Backen:
Bei 200 Grad 15-18 Minuten backen.

Quark-Blätterteig-Kleingebäck (Rezept Seite 57)

Kranzkuchen (Rezept Seite 62)

Quark-Ölteig

Dieser Teig ist schnell herzustellen und gelingt immer.
Er ist nicht so empfindlich wie Mürbeteig, wird aber trotzdem sehr zart und mürbe. Die Lockerung geschieht durch die Milchsäure im Quark, zusätzlich wird etwas Backpulver zugegeben.

Bei Vollkornteigen empfiehlt sich immer eine kurze Ruhezeit vor der Weiterverarbeitung, damit die Schalenanteile des Getreides Zeit zum Ausquellen haben.

Der Quark-Ölteig eignet sich für alle Arten von Obstböden, in der Springform oder auf dem Blech. Auch für Plunderstückchen läßt er sich sehr gut verarbeiten.

Kranzkuchen - Quark-Ölteig

Zutaten:
200 g trockener Quark
6 Eßl. Milch
1 Ei
6 Eßl. Öl
80 g Honig
1/2 Teel. Natur-Vanille-Pulver
1 Messersp. Meersalz
400 g Dinkel oder Weizen, fein gemahlen
2 gestr. Teel. Weinstein-Backpulver

Füllung:
100 g Rosinen
100 g abgezogene, gehackte Mandeln
2 Eßl. Honig
1 Teel. Natur-Vanille-Pulver
1 Teel. Zimt
5 Tropfen Orangenöl
oder 1/2 abgeriebene ungespritzte Orangenschale
1 Eßl. zerlassene Butter

Zubereitung:
Quark, Milch, Ei, Öl, Honig und Gewürze gut verrühren, die Hälfte des mit Backpulver vermischten Mehls unterrühren, dann den Rest des Mehls verkneten, bis ein glatter Teigkloß entsteht. Den Teig etwas ruhen lassen, zu einem Rechteck in der Größe eines Backblechs ausrollen (50 x 55 cm), mit 1 Eßl. zerlassener Butter bepinseln, dann der Länge nach in der Mitte durchschneiden.

Die gehackten Mandeln mit den Gewürzen mischen, auf die beiden Teighälften verteilen, Honig darüberträufeln, Rosinen aufstreuen, auf jeder Seite etwa 2 cm frei lassen. Nun werden beide Teigstücke von der Längsseite her aufgerollt, die Rollen umeinandergeschlungen und kranzförmig auf das gefettete Blech gelegt. Mit Milch einpinseln und die oben liegenden Teile der Rolle etwa 1 cm tief einschneiden.

Backen:
Im vorgeheizten Ofen bei 175 Grad etwa 30-35 Minuten backen.

Bienenstich - Quark-Ölteig

Zutaten:
150 g trockener Quark
6 Eßl. Milch
6 Eßl. Öl
70 g Honig
1 Teel. Natur-Vanille-Pulver
1 Prise Meersalz
300 g Weizen oder Dinkel, fein gemahlen
3/4 Pckg. Weinstein-Backpulver

Zubereitung:
Quark mit Milch, Öl, Honig, Vanille und Salz verrühren, danach die Hälfte des mit Backpulver vermischten Mehls zugeben, verrühren, dann den Rest des Mehls darunterkneten, bis ein gleichmäßiger Teig entsteht.

Belag:
100 g Butter
180 g Honig
1/2 Teel. Natur-Vanille-Pulver
2 Eßl. Milch
200 g Mandeln, geschält, blättrig geschnitten

Zubereitung:
Den Teig etwa 1/2 cm dick auf ein gefettetes Blech drücken oder ausrollen.

Für den Belag das Fett mit dem Honig, Vanille und Milch in einem kleinen Topf erhitzen, die Mandeln darunterrühren, aufkochen und zum Abkühlen beiseitestellen. Die gut abgekühlte Masse auf dem Teig verteilen, wenn sie zu fest sein sollte, etwas Milch daruntergeben.

Backen:
Im vorgeheizten Ofen bei 200 Grad etwa 20-25 Minuten backen.

Pflaumen- oder Zwetschgenkuchen-Quark-Ölteig

Zutaten:
1 Rezept Quark-Ölteig wie beim Bienenstich

Den Teig auf ein gefettetes Backblech rollen.

Belag:
1 - 1 1/2 Kg Pflaumen oder Zwetschgen
etwas flüssiger Honig
Zimt zum Bestreuen
1 Tasse geblätterte, geschälte Mandeln

Zubereitung:
Den Rand auf dem Backblech etwas hochziehen. Die entsteinten, in Hälften geschnittenen Pflaumen oder Zwetschgen mit der Innenseite nach oben fächerförmig auflegen, mit Honig beträufeln, mit Zimt bestäuben, Mandeln aufstreuen (für Erwachsene: 1 Schnapsglas voll Kirschwasser darübertröpfeln.)

Backen:
Im vorgeheizten Ofen bei 200 Grad etwa 35 Minuten backen.

Jägerbrötchen

Zutaten:
150 g trockener Quark
5 Eßl. Milch
6 Eßl. Öl
70 g Honig
1/2 Teel. Natur-Vanille-Pulver
1 Messersp. Meersalz
300 g Weizen oder Dinkel, fein gemahlen
1 Pckg. Weinstein-Packpulver
70 g Korinthen

Zubereitung:
Quark, Milch, Honig, Öl, Vanille und Salz gut verrühren. Dann die mit dem Backpulver vermischte eine Hälfte des Mehls daruntergeben, gut durcharbeiten, dann den Rest des Mehls einkneten und die gewaschenen, abgetropften Korinthen einarbeiten. Den Teig zu einer Rolle formen und in 7-8 gleiche Stücke schneiden, zu runden Brötchen walken, auf ein gefettetes Backblech legen und mit Milch oder Eigelb bestreichen.

Backen:
Im vorgeheizten Backofen bei 200 Grad etwa 20 Minuten backen.

Rührteig

Rührteige sind etwas schwerer als Bisquit-Teige, sie enthalten relativ viel Fett. Die Lockerung erfolgt durch die eingerührte Luft und die Eier. Es muß also sorgfältig gerührt werden. Wenn in den Rezepten nicht anders angegeben, wird die Butter mit Honig cremig gerührt, dann die Eigelb nach und nach zugegeben, wobei darauf geachtet werden sollte, daß alle Zutaten die selbe Temperatur haben. Also Eier rechtzeitig aus dem Kühlschrank nehmen und die Butter zimmerwarm halten.
Vor der Zugabe des steifen Eischnees die Masse etwa 20 Minuten stehen lassen, um genügend Zeit zum Ausquellen des Vollkorns zu geben.
Kuchen aus Rührteig halten lange frisch, wenn man ihn abgekühlt in Alu-Folie einpackt und kühl aufbewahrt.

Feiner Marmor-Kuchen

Zutaten:
5 Eier
250 g Honig
250 g Butter
250 g Dinkel, sehr fein gemahlen
1/2 Teel. Weinstein-Backpulver
2 Eßl. Kakao- oder Karob-Pulver
1/2 Teel. Zimt, gemahlen
1/2 Teel. Natur-Vanille-Pulver

Zubereitung:
Butter mit dem Honig cremig rühren, dann die Eier einzeln im Wechsel mit dem mit Backpulver und Vanille gemischten Mehl löffelweise unterrühren. Die Hälfte des Teiges in eine andere Schüssel geben, in einen Teil den Kakao mit dem Zimt rühren. Eine Napfkuchenform ausfetten, mit dem Löffel weißen und brauen Teig abwechselnd hineingeben, bis alles aufgebraucht ist.

Backen:
Im vorgeheizten Ofen bei 180 Grad etwa 50 Minuten backen.

Buchweizen-Torte

Zutaten:
350 g Buchweizen, fein gemahlen
80 g geriebene Haselnüsse
50 g Rosinen (nach Belieben)
8 Eßl. Honig
2 Teel. Weinstein-Backpulver
200 g Milch
1/2 Teel. Zimt
250 g Schlagsahne

Belag:
120 g grob gehackte, abgezogene Mandeln

Zubereitung:
Sahne steif schlagen, Honig löffelweise unterrühren, Haselnüsse und Rosinen abwechselnd mit der Milch unterrühren. Buchweizenmehl mit Backpulver und Zimt vermischen und vorsichtig unter die Schaummasse ziehen.
In eine gefettete Tortenform streichen, abgezogene, gehackte Mandeln obenauf streuen.

Backen:
Im vorgeheizten Backofen bei 180 Grad etwa 60 Minuten backen.

Wenn die Torte ausgekühlt ist, darf sie nach Belieben aufgeschnitten und gefüllt werden, z.B. mit Schlagsahne oder Fruchtmus. In Folie verpackt und kühl gelagert, ist sie lange haltbar.

Prinz Eugen-Torte

Zutaten:
70 g Butter
80 g Honig
1 Teel. Natur-Vanille-Pulver
5 Eigelb
150 g aufgelöste Honig-Schokolade
1 Prise Meersalz
1 Eßl. echter Rum
1/2 Teel. Weinstein-Backpulver
5 Eischnee

Zubereitung:
Butter mit Honig und Eigelb schaumig rühren, Salz, Vanille und die im Wasserbad aufgelöste Honig-Schokolade zugeben, die mit Backpulver gemischten Mandeln zugeben, dann den Rum und zuletzt den steifen Eischnee.
Masse in eine gefettete Springform füllen.

Backen:
Im vorgeheizten Ofen bei 175 Grad etwa 40-50 Minuten backen.

Nach dem Erkalten kann der Boden aufgeschnitten werden und mit Sahne oder 1 Glas Preiselbeeren bestrichen werden.

Nußtorte, sehr fein

Zutaten für den Boden:
150 g Honig
5 Eier
250 g gemahlene Walnüsse
80-100 g Weizen oder Dinkel, sehr fein gemahlen
abger. Schale einer ungespritzten Orange
oder 5 Tropfen Orangen-Öl

Zubereitung:
Honig und Eigelb in der Rührschüssel cremig rühren, Orangenschale, geriebene Nüsse und das Mehl unterziehen, zuletzt den steifen Eischnee vorsichtig darunterheben. In eine mit Backpapier ausgelegte Springform füllen.

Backen:
Im vorgeheizten Ofen bei 180 Grad etwa 50 Minuten backen.
Sollte die Oberfläche zu schnell bräunen, kann mit Pergamentpapier nach der halben Backzeit abgedeckt werden.
Zum Abkühlen eine halbe Stunde in der Form lassen, dann auf ein Gitter stürzen, Papier abziehen und am nächsten Tag durchschneiden und füllen.

Zutaten für die Füllcreme:
1 Eigelb
50 g Honig
40 g Dinkel, sehr fein gemahlen
1-2 Messersp. Natur-Vanille-Pulver
20 g Butter
1/4 Liter Milch

Zubereitung:
Eigelb und Honig schaumig rühren, 100 g Milch und Mehl zugeben und gut mischen. Restliche Milch mit Vanille zum Kochen bringen, Eiermasse unter Rühren hinzugeben, auskochen, einige Minuten leicht köcheln lassen. Vom Herd nehmen, Butter darunterrühren. Während des Abkühlens ab und zu durchrühren.
Diese Creme ist schnittfest. Wenn sie etwas dünner gewünscht wird, etwa als Unterlage für Obstkuchen, nehme man etwas weniger Mehl.

Die Torte füllen und einen kleinen Teil der Creme zum Bestreichen des Deckels zurücklassen. Mit Walnuß-Hälften belegen.

Gedeckter Aprikosen-Kuchen

Zutaten:
150 g Butter
100 g Honig
3 Eier
300 g Weizen oder Dinkel, fein gemahlen
3 Teel. Weinstein-Backpulver
125 g Milch
2 Eßl. Kakao oder Karob-Pulver
60 g Haferflocken
1 Teel. Zimt
1 Prise Muskat
1 kg reife Aprikosen oder Birnen

Zubereitung:
Aprikosen halbieren, in einer Schüssel übereinander schichten und mit 2 Eßl. flüssigem Honig beträufeln. Zugedeckt 1/2 Stunde stehen lassen.

Zubereitung Teig:
Butter und Honig schaumig rühren, abwechselnd mit dem mit Backpulver vermischten Mehl die Eier unterarbeiten, Milch und Kakao unterrühren. Dann Zimt und Muskat zugeben, zuletzt die Haferflocken.
2/3 des Teiges in eine gefettete Springform füllen, mit den Aprikosen belegen, den Rest des Teiges darüberstreichen.

Backen:
Im vorgeheizten Ofen bei 200 Grad etwa 50-60 Minuten backen.

Statt der gekauften Haferflocken läßt sich mit einer im Handel erhältlichen Hafer-Quetsche von Hand oder elektrisch der Hafer frisch zu Flocken verarbeiten. Sehr zu empfehlen.

Omas Apfelkuchen

Zutaten:
200 g Butter
4 Eier
150 g Honig
200 g Weizen oder Dinkel, fein gemahlen
1/2 Teel. Weinstein-Backpulver

Belag:
1 - 1 1/2 kg mürbe Äpfel, z.B. Boskop
1 kl. Glas zuckerfreie Marmelade (z.B. Aprikosen)
50 g abgezogene Mandeln
1 Eßl. Butter

Zubereitung:
Butter mit Honig schaumig rühren, nach und nach die Eier und das mit Backpulver gemischte Mehl zugeben.
Die Hälfte des Teiges in eine gefettete Springform geben und mit den geschälten, in feine Schnitzel geschnittenen Äpfeln belegen.
Mit dem Rest des Teiges abdecken.

Backen:
Im vorgeheizten Ofen bei 170 Grad etwa 1 Stunde backen.

Für den Guß:
1 kleines Glas zuckerfreie Aprikosenmarmelade mit etwas heißem Wasser verrühren und mit dem Pinsel auf den warmen Kuchen auftragen. Dann die geschälten, blättrig geschnittenen Mandeln in etwas Butter bräunen und darüberstreuen.

Ananas-Torte mit Marzipan

Zutaten:
150 g Marzipan-Rohmasse oder selbst hergestelltes Marzipan
180 g Butter
4 Eßl. Honig
1/2 Teel. Natur-Vanille-Pulver
3 Eier
300 g Dinkel, fein gemahlen
3 Scheiben frische Ananas
2 gestr. Teel. Weinstein-Backpulver

Zutaten für das Marzipan:
250 g fester Honig
200 g abgezogene Mandeln
1 Eßl. Rosenwasser

Zubereitung, Marzipan:
Die Mandeln überbrühen und abziehen. Auf einem Backblech bei schwacher Hitze im Backofen trocknen, dann in der Mandelmühle fein reiben.
Alle Zutaten vermengen und so lange kneten, bis sich eine Kugel bildet.
Sollte die Masse zu feucht sein, stehen lassen, bis sie abtrocknet und sich rollen läßt. Sie kann im Kühlschrank in einem Schraubglas aufbewahrt werden.

Zubereitung, Kuchen:
In der Rührschüssel Marzipan und Butter rühren, Eier, Vanille und Honig zugeben, das mit Backpulver vermischte Mehl löffelweise zugeben, zuletzt die in kleine Würfel geschnittene Ananas. Teig in gefettete Springform streichen.

Backen:
Im vorgeheizten Ofen bei 175 Grad etwa 60 Minuten backen.

Apfeltorte mit Hafer

Zutaten:
150 g Butter
100 g Honig
1/2 Teel. Natur-Vanille-Pulver
3 Eier
120 g Haferflocken
50 g Weizen, fein gemahlen
2 gestr. Teel. Weinstein-Backpulver
abger. Schale einer halben Zitrone, ungespritzt
1 Prise Meersalz

Belag:
600 g mürbe Äpfel
Saft einer halben Zitrone
50 g Butter
80 g Honig
50 g abgezogene, gehackte Mandeln

Zubereitung:
Butter und Honig schaumig rühren, Eier und Haferflocken zugeben, das mit Backpulver vermischte Mehl mit Zitronenschale und Salz darunterheben und eine glatte Masse herstellen.
3/4 des Teiges in eine gefettete Springform geben.

Für den Belag die Äpfel schälen, vom Kerngehäuse befreien, in kleine Stückchen schneiden und mit Butter im Topf kurz dünsten. Dann Zitronensaft, Honig und Mandeln zugeben.
Auf den Teig in der Form gibt man gleichmäßig die Apfelfüllung, deckt die Oberfläche mit dem restlichen Teig ab und gibt die Form in den Ofen.

Backen:
Im vorgeheizten Ofen bei 180 Grad etwa 60 Minuten backen.

Statt gekaufter Haferflocken läßt sich mit einer im Handel erhältlichen Hafer-Quetsche von Hand oder elektrisch der Hafer frisch zu Flocken verarbeiten. Sehr zu empfehlen.

Linzer Hafertorte

Zutaten:
150 g Butter
100 g Honig
1 Teel. Natur-Vanille-Pulver
125 g gemahlene Haselnüsse
300 g Weizen oder Dinkel, fein gemahlen
2 Eier
1 Prise Meersalz
1/2 Teel. Zimt
1 Messersp. gemahlene Nelken
100 g Haferflocken

Zum Bestreichen:
1 Eigelb

Zum Füllen:
Zuckerfreie Marmelade, z.B. Himbeer oder Brombeer

Zubereitung:
Haferflocken mit einem Eßl. Butter in der Pfanne leicht rösten, abkühlen lassen. Butter und Honig schaumig rühren, Eier, Nüsse, Mehl und Gewürze zugeben und zu einem glatten Teig verarbeiten. Zuletzt die gerösteten Haferflocken untermischen. Eingewickelt 30 Minuten kühl stellen.

Mit 2/3 des Teiges eine gefettete Springform auslegen. Teig am Rand etwas hochziehen. Den Rest des Teiges ausrollen und in Streifen schneiden. Boden mit Marmelade bestreichen und die Streifen gitterartig darüberlegen. Rand und Gitter mit verquirltem Eigelb bestreichen und backen.

Backen:
Im vorgeheizten Ofen bei 200 Grad etwa 40 Minuten backen.

Statt gekaufter Haferflocken läßt sich mit einer im Handel erhältlichen Hafer-Quetsche von Hand oder elektrisch der Hafer frisch zu Flocken verarbeiten. Sehr zu empfehlen.

Sauerteig-Herstellung

Zur Lockerung von reinen Roggen-Teigen eignet sich Hefe nicht. Roggen braucht zur Lockerung Säure, die man in Form eines Ansatzes aus Roggen und Wasser über mehrere Tage selbst herstellen kann.

1. Tag abends
100 g Roggen, fein gemahlen
100 g warmes Wasser, 35 Grad
evtl. 1 Eßl. Buttermilch

verrühren, in einen Steinguttopf oder Porzellangefäß geben und mindestens einen Tag warm halten. Dazu gibt man ein Handtuch darauf, darüber ein Heizkissen auf Stufe I und schlägt alles in eine Wolldecke ein.

2. Tag abends
umrühren, zudecken, weitere 24 Stunden warm halten.

3. Tag abends
300 g Roggen, fein gemahlen
200 g warmes Wasser, 35 Grad

zugeben, gut verrühren, zudecken und weitere 12 Stunden warm halten.

Am Morgen des 4. Tages stehen 700 g Sauerteig für das Backen zur Verfügung. Er kann sofort zum Backen verwendet werden.
Man kann davon 2-3 Eßl. zurückstellen. In einem gut schließenden Schraubglas hält er sich mehrere Wochen und kann für weitere Backvorgänge nach Rezept zum Anfrischen verwendet werden.

Roggenbrot mit Sonnenblumenkernen

Teigansatz am Abend:
300 g Roggen, mittelfein gemahlen
30 g Sauerteig aus dem Kühlschrank
(siehe Herstellung von Sauerteig)
300 g sehr warmes Wasser

Alle Zutaten in einem Steinguttopf oder Porzellanschüssel gut miteinander verrühren und über Nacht warm halten (mit Tuch und Heizkissen Stufe I bedecken und in eine Decke einwickeln).

Hauptteig am nächsten Morgen:
700 g Roggen, grob gemahlen
1 Eßl. Koriander, gemahlen
1 Eßl. Meersalz
500 g sehr warmes Wasser
200 g Sonnenblumenkerne

Alle Zutaten mit dem über Nacht warm gehaltenen Ansatz gut verkneten, was mindestens 10 Minuten dauert, zuletzt die Sonnenblumenkerne unterkneten. In der Schüssel zugedeckt an warmem Ort 50-60 Minuten ruhen lassen.

Dann Teig kurz und gründlich bearbeiten, in eine oder zwei gefettete Kastenformen legen und nochmals zugedeckt in der Wärme weitere 30-40 Minuten stehen lassen.

Backen:
Im vorgeheizten Backofen bei 250 Grad 15-20 Minuten, bei 200 Grad weitere 30-40 Minuten backen.
Auf den Boden des Ofens ein Gefäß mit heißem Wasser stellen, um Dampf zu erzeugen. Nach 10 Minuten herausnehmen.

Nach dem Backen auf ein Gitter legen und mit einem Tuch bedeckt auskühlen lassen.

Erst am nächsten Tag anschneiden.

Roggen-Weizen-Mischbrot

Zutaten:
600 g Roggen, mittelfein gemahlen
100 g Weizen, fein gemahlen
600 g Sauerteig
400 g Buttermilch
4 gestr. Teel. Meersalz
20 g Hefe
3 Eßl. Öl
gemahlener Kümmel oder Koriander

Ansatz am Abend:
30 g Sauerteig aus dem Kühlschrank
(siehe Herstellung von Sauerteig)
300 g Roggen
300 g Wasser

in einem Steingut- oder Porzellangefäß gut miteinander verrühren, mit Tuch und Heizkissen Stufe I bedecken und in Decke einwickeln. Mindestens 12 Stunden stehen lassen.

Am nächsten Morgen zuerst den gemahlenen Weizen mit der gekrümelten Hefe mischen, dann die übrigen Zutaten zusammen mit dem Ansatz vom Abend vorher in eine größere Schüssel geben und gründlich kneten, mindestens 10 Minuten. Schüssel zudecken und in der Wärme 30 Minuten gehen lassen. Dann den Teig nochmals kurz durchkneten und in gefettete Formen geben. Zugedeckt nochmals 30 Minuten gehen lassen.

Backen:
Im vorgeheizten Ofen bei 300 Grad 5 Minuten, bei 220 Grad weitere 40-45 Minuten backen.
Auf den Boden des Ofens ein Gefäß mit heißem Wasser stellen, um Dampf zu erzeugen. Nach 10 Minuten herausnehmen.

Nach dem Backen die Brote auf ein Gitter legen, mit einem Tuch bedeckt auskühlen lassen.
Erst am nächsten Tag anschneiden.

Friesisches Krustenbrot

Zutaten:
300 g Roggen, mittelfein gemahlen
400 g Weizen, fein gemahlen
30 g Sauerteig aus dem Kühlschrank
(siehe Herstellung von Sauerteig)
450 bis 500 g Wasser
20 g Hefe
2-3 Teel. Meersalz

Gewürze: Kümmel, Koriander, Fenchel

Ansatz am Abend:
30 g Sauerteig aus dem Kühlschrank
300 g Roggen, mittelfein
300 g Wasser

in einem Steingut- oder Porzellangefäß gut verrühren, mit Tuch und Heizkissen Stufe I bedecken und in Decke wickeln. Mindestens 12 Stunden stehen lassen.

Am nächsten Morgen den Weizen mit der gekrümelten Hefe vermischen, die übrigen Zutaten mit dem Ansatz vom Abend vorher in eine größere Schüssel geben und gründlich mindestens 10 Minuten kneten. Schüssel zudecken und in der Wärme 30 Minuten gehen lassen. Dann Teig nochmals kurz durchkneten und weitere 20 Minuten bedeckt in der Wärme gehen lassen.
In eine oder zwei gefettete Kastenformen legen, mit Wasser einpinseln, mit der Gabel mehrmals einstechen und backen.

Backen:
Im vorgeheizten Ofen bei 250 Grad 20 Minuten, bei 180 Grad weitere 30-40 Minuten backen.
Auf den Boden des Backofens ein Gefäß mit heißem Wasser stellen, um Dampf zu erzeugen. Dann herausnehmen.

Bayern-Laib aus Roggen und Weizen

Zutaten:
600 g Weizen oder Dinkel, fein gemahlen
350 g Roggen, mittelfein gemahlen
50 g Gerste, mittelfein gemahlen
600 g Sauerteig
300 g Wasser
300 g Buttermilch oder Molke
4 gestr. Teel. Meersalz
20 g Hefe
4 Eßl. Öl
Fenchel gemahlen
oder Brotgewürz nach Angabe

Sollte nicht genügend Sauerteig vorhanden sein, wird mit einem kleinen Teil Ansatz aus dem Kühlschrank (siehe Sauerteig-Herstellung) ein Teig über Nacht angesetzt.
30 g Sauerteig aus dem Kühlschrank mit 300 g Roggen und 300 g Wasser in einer Schüssel gut verrühren und über Nacht gut warm halten. (Am besten mit Tuch und Heizkissen bedecken und in Decke einwickeln).
Am nächsten Morgen den Weizen mit der gekrümelten Hefe vermischen (oder Trockenhefe). Dann die restlichen Zutaten zusammen mit dem über Nacht angesetzten Sauerteig in eine größere Schüssel geben und gut durchkneten, was mindestens 10 Minuten dauern sollte. Schüssel zudecken und in der Wärme nochmals 40 Minuten stehen lassen. Dann kurz durcharbeiten und in gefettete Formen legen oder mit der glatten Seite nach unten in ein bemehltes Backkörbchen. Wieder zudecken und 30 Minuten in der Wärme gehen lassen.

Der Teig aus dem Körbchen wird auf ein gefettetes Backblech gestürzt, mit Wasser bestrichen und sofort in den vorgeheizten Ofen gegeben.

Backen:
Im vorgeheizten Ofen 5 Minuten bei 300 Grad, 40-45 Minuten bei 220 Grad backen.
Für die ersten 10 Minuten ein mit heißem Wasser gefülltes Gefäß auf den Boden des Ofens stellen, um Dampf zu erzeugen. Dann herausnehmen.

Nach dem Herausnehmen die Brote auf ein Gitter legen, mit einem Tuch bedeckt auskühlen lassen. Erst am nächsten Tag anschneiden.

Roggen-Weizen-Semmeln

Zutaten:
170 g Weizen oder Dinkel, fein gemahlen
330 g Roggen, fein gemahlen
2 gestr. Teel. Meersalz
20 g Hefe
50 g Sauerteig aus dem Kühlschrank
(siehe Herstellung von Sauerteig)

Ansatz am Abend:
50 g Sauerteig aus dem Kühlschrank mit 250 g Roggen und 300 g Wasser anrühren und in einer Steingut- oder Porzellanschüssel über Nacht, mindestens 12 Std. warm halten. Mit Tuch und Heizkissen Stufe I bedecken und in eine Decke einwickeln.

Hauptteig am anderen Morgen:
In eine Schüssel den gemahlenen Weizen geben, die Hefe darüberkrümeln, das restliche Roggenmehl zugeben, Salz und den Vorteig dazurühren und gründlich mindestens 10 Minuten kneten, bis ein elastischer Teig entstanden ist. Sollte der Teig zu fest sein, etwas Wasser darunterkneten.
In einer Schüssel bedeckt an einem warmen Ort gehen lassen (40 Minuten).
Teig nochmals kurz durcharbeiten, Rolle formen und 12 gleiche Teile abschneiden. Runde Kugeln walken, indem von außen nach innen eingeschlagen wird, so daß eine glatte Unterseite entsteht. In etwas Mehl wenden, auf eine gefettete Unterlage geben und nochmals 10 Minuten gehen lassen.
Auf ein mit Backpapier ausgelegtes Backblech setzen.

Backen:
Im vorgeheizten Ofen bei 250 Grad 25-30 Minuten backen.
Für 5-10 Minuten ein Gefäß mit heißem Wasser auf den Boden des Backofens stellen, um Dampf zu erzeugen.

Backen mit Sekowa Spezial-Backferment

Sekowa Spezial-Backferment ist ein besonderes Gebäck-Lockerungsmittel. Es wird auf rein biologischer Grundlage, aus Bienenhonig und Körnerfrüchten hergestellt.
Mit diesem Backferment hergestellte Brote und Gebäcke sind besonders bekömmlich, schnittfest und aromatisch. Es können auch die unterschiedlichsten Getreidearten, z.B. Hafer, Gerste oder Mais, damit zu einwandfreien Gebäcken verarbeitet werden.

Die Herstellung erfordert etwas Zeit, da der Ansatz über mehrere Stunden warmgehalten werden muß. Doch die kleine Mühe macht sich durch das besonders gute Ergebnis reichlich bezahlt.

Sekowa Backferment ist als Grundansatz und als Backferment-Granulat erhältlich. Beides gibt es in Naturkostläden und in Reformhäusern.
Für den Anfang sollte man sich beides besorgen. Der Grundansatz hält sich im Kühlschrank über längere Zeit einwandfrei, und das Granulat bewahrt man im Küchenschrank auf.

Sekowa-Weizen-Brot

Dieses Brot ist eine Alternative zum herkömmlichen Hefe-Weizenbrot, bekömmlich auch für Hefe-empfindliche Menschen, geschmacklich hervorragend und lange haltbar. Es krümelt nicht.

Ansatz am Abend:
300 g heißes Wasser
300 g Weizen oder Dinkel, grob geschrotet
1 Teel. Grundansatz Sekowa
1 Teel. Sekowa Backferment

Man verrührt den Grundansatz mit einem Teil des Wassers klümpchenfrei, dann gibt man Backferment und Mehl zu und mischt alles sorgfältig. Mit Folie abdecken, ein Handtuch allein genügt nicht. Dieser Ansatz muß warm gehalten werden, am besten mit Tuch und Heizkissen bedeckt und in eine Decke eingewickelt. Er darf zwischendurch nicht abkühlen.
Stehzeit: mindestens 12 Stunden.

Hauptteig:
Zugeben:
600 g Weizen oder Dinkel, fein gemahlen
50 g Gerste, grob gemahlen
50 g Roggen, grob gemahlen
(oder 700 g Weizen oder Dinkel)
20 g Meersalz
ca. 350 g heißes Wasser

Dieser Teig wird 10 Minuten lang kräftig geknetet, in der Schüssel mit Folie bedeckt, zugedeckt und wieder eingepackt. So bleibt er 2-3 Stunden stehen. Dann wird er kurz bearbeitet, am besten mit nassen Händen, und in gefettete Formen etwa 3/4 hoch gelegt. Oben wird glattgestrichen, wieder mit Folie abgedeckt und nochmals warm gestellt.

Backen:
Im vorgeheizten Ofen bei 250 Grad 20 Minuten, bei 200 Grad weitere 35 Minuten backen.
Aus der Form nehmen und auf einem Gitter mit Tuch bedeckt auskühlen lassen. Erst am nächsten Tag anschneiden.

Roggenbrot in der Form

Ansatz am Abend:
400 g Roggen, fein gemahlen
10 g Sekowa Grundansatz
5 g Sekowa Backferment
400 g warmes Wasser

Den Grundansatz mit einem Teil des Wassers klümpchenfrei verrühren, dann den Rest des Wassers zugeben. Dann die restlichen Zutaten daruntergeben und gut vermischen. Oberfläche mit Folie abdecken, Handtuch allein genügt nicht. Dieser Ansatz muß warm gehalten werden, am besten mit Heizkissen und Tuch bedeckt. Er darf zwischendurch nicht abkühlen.
Stehzeit: 16-18 Stunden.

Hauptteig:
Zugeben:
400 g Roggen, sehr fein
200 g Weizen, sehr fein
20 g Meersalz
ca. 300 g warmes Wasser
Teigtemperatur: 28-30 Grad.

Zutaten gut verkneten, abdecken und warm halten, etwa 40-50 Minuten.
Dann den Teig etwas rund wirken und in eine Form legen, zudecken und wieder 40-50 Minuten warm stellen.

Backen:
Im vorgeheizten Backofen bei 280 Grad 70-80 Minuten backen.
Auf den Boden des Ofens ein Schälchen mit heißem Wasser stellen, um Dampf zu erzeugen. Nach einer Viertelstunde herausnehmen.

Nach dem Herausnehmen das Brot auf einem Gitter mit einem Tuch bedeckt auskühlen lassen. Erst am nächsten Tag anschneiden.

Waffeln (Rezept Seite 93)

Ulanenkrapfen (Rezept Seite 103)

Leinsamenbrot

Ansatz am Abend:
300 g Roggen, fein gemahlen
100 g Weizen oder Dinkel, fein gemahlen
10 g Sekowa Grundansatz
5 g Sekowa Backferment
400 g warmes Wasser

In einem Steingutgefäß Grundansatz und ein Teil des Wassers gut mischen, dann den Rest des Wassers zugeben, Mehl zugeben und gut verrühren. Oberfläche mit Folie abdecken, Handtuch allein genügt nicht. Der Teig darf nicht austrockenen. Dieser Ansatz muß warm gehalten werden, am besten mit Heizkissen und in Decke eingepackt. Stehzeit 12-14 Stunden, Temperatur 20-30 Grad.

Hauptteig am anderen Morgen:
500 g Weizen, fein gemahlen
100 g Roggen, fein gemahlen
100 g Leinsamen (können zusammen mit Roggen oder Weizen gemahlen werden - nur in Stahl- oder Steingutmühlen)
20 g Meersalz
etwa 300 g Wasser

Zutaten gründlich kneten, wieder mit Folie und Handtuch abdecken und mindestens 1-2 Stunden stehen lassen.

Dann gründlich kurz bearbeiten und in eine gefettete Kastenform legen, gut andrücken, abdecken und nochmals in der Wärme stehen lassen. Die Gärzeit ist beendet, wenn sich an der Oberfläche Risse zeigen.

Backen:
Im vorgeheizten Ofen bei 220 Grad etwa 60-70 Minuten backen.

Nach dem Herausnehmen auf Gitter legen und mit Tuch bedeckt auskühlen lassen. Erst am nächsten Tag anschneiden.

Grobschrotiges Roggenbrot

mit ganzen Körnern

3 Tage vor dem Backen 200 g Roggenkörner in Wasser legen, täglich einmal abgießen, spülen und wieder wässern. Sie sind zur Weiterverwendung fertig, wenn sie weich sind und die Spitze der Keime sichtbar wird.

<u>Ansatz am Abend:</u>
200 g Roggen, mittelfein gemahlen
200 g Roggen, fein gemahlen
100 g Roggen, grob gemahlen
500 g warmes Wasser
10 g Sekowa Grundansatz
5 g Sekowa Backferment

Den Grundansatz mit dem Wasser gut verrühren, dann die restlichen Zutaten zugeben und gut mischen. Oberfläche mit Folie abdecken, Handtuch allein genügt nicht. Dieser Ansatz muß warm gehalten werden, am besten mit Tuch und Heizkissen bedeckt. Er darf zwischendurch nicht abkühlen.
Stehzeit: 16-18 Stunden.

<u>Hauptteig:</u>
Zugeben:
300 g Roggen, grob gemahlen
gequollene Roggenkörner
20 g Meersalz
300 g Wasser (40 Grad)

Zutaten gut verkneten, dann Teig in Form legen, Deckel daraufgeben.
Keine Teigruhe.

<u>Backen:</u>
Im vorgeheizten Ofen bei 160 Grad, Backzeit 6-7 Stunden.

Rosinenkuchen in der Kastenform

Ansatz am Abend:
300 g Weizen, sehr fein gemahlen
10 g Sekowa Grundansatz
5 g Sekowa Spezial-Backferment
300 g warmes Wasser

Stehzeit: 12-14 Stunden
Teigtemperatur: 26-28 Grad

Grundansatz und Backferment mit einem Teil des Wassers klümpchenfrei auflösen, dann den Rest des Wassers zugeben und gut verrühren. Oberfläche mit Folie abdecken, Handtuch allein genügt nicht. Dieser Ansatz muß warm gehalten werden, am besten mit Heizkissen und Decken. Er darf zwischendurch nicht abkühlen.

Am anderen Morgen zugeben:
700 g Weizen, sehr fein gemahlen
125 g Butter
100 g Quark
150 g Honig
200 g Rosinen oder Korinthen
50 g Zitronat, klein geschnitten
10 g Meersalz
etwas abgeriebene Zitronenschale von ungespritzten Zitronen

Zutaten gut durchkneten, mit Folie und Tuch abdecken, warm halten und etwa 50 Minuten stehen lassen. Dann den Teig in eine gefettete Backform füllen, wieder mit Folie und Tuch bedecken und etwa 60 Minuten warm halten. Die Gärzeit ist beendet, wenn sich an der Oberfläche kleine Risse bilden.

Backen:
Im vorgeheizten Ofen bei 180 Grad etwa 120 Minuten backen.

Strudelteig

Der Strudelteig hat vieles mit dem Nudelteig gemeinsam, doch wird er weicher gehalten. Die Hauptsache ist das "Innere" des Strudels, denn da sind der Phantasie keine Grenzen gesetzt. Die bekannteste und häufigste Art ist der klassische Apfelstrudel, der sowohl als feiner Nachtisch als auch als Hauptgericht bei jung und alt beliebt ist. Doch auch viele Varianten, süß oder pikant sind möglich. Der Strudelteig läßt Raum für eigene Kreationen. Von den Obstsorten eignen sich Kirschen, Heidelbeeren, Brombeeren, aber auch Quark oder Rahm, evtl. in Verbindung mit Gemüse wie Spinat, Kohl oder Porree als Füllung schmeckt vorzüglich.

Der Teig wird ähnlich wie beim Mürbeteig mit dem Messer gehackt, bis er leicht zusammenhält, dann mit den Händen gut geknetet, bis er glatt wird und innen Bläschen zeigt. Nicht weitere Mengen Mehl einarbeiten, wenn er klebt. Durch gründliches, längeres Kneten wird er trockener.

Strudelteig wird nach dem Ausrollen mit den Händen nach allen Seiten "ausgezogen", d.h. man geht mit der Hand unter den Teig und zieht mit dem Handrücken den Teig, bis er dünn genug ist. Man kann den Teig auch auf einem bemehlten Tuch ausrollen, das erleichtert das Aufrollen mit der Füllung. Strudelteig aus Vollkornmehl wird nicht ganz so dünn wie Teige aus Auszugsmehl. Man kann auch etwas Kleie aussieben, die man dann für die Füllung verwendet.

Apfelstrudel

Zutaten:
350 g Weizen oder Dinkel, fein gemahlen
50 g davon aussieben und für Füllung nehmen
1 Ei
2-3 Eßl. Öl
1 Teel. Essig
1 Prise Meersalz
125 g lauwarmes Wasser

Zubereitung:
Mehl auf ein Brett schütten, alle anderen Zutaten darübergeben, mit dem Messer durchhacken, bis die Krümel zusammenhalten, dann mit den Händen kneten, bis ein glatter, weicher Teig entsteht. Beim Durchschneiden muß er kleine Blasen zeigen. Den Teig zur Kugel formen, ringsum mit Öl bestreichen und zugedeckt (mit einer Schüssel) 2-3 Stunden liegen lassen.
Danach wird der Teig auf einer bemehlten Unterlage ausgerollt (am besten auf einem Tuch) und mit den Händen vorsichtig dünn ausgezogen.

Zutaten für die Füllung:
1 kg mürbe Äpfel
50 g Kleie
40 g Butter
1/8 Liter saure Sahne
Honig zum Beträufeln
3-4 Eßl. gehackte Nüsse
80 g Rosinen
etwas Zimt

Zubereitung:
Die Äpfel schälen, vom Kerngehäuse befreien, in feine Stückchen schneiden, auf den mit flüssiger Butter und Sahne bestrichenen Teig streuen, ebenfalls die Nüsse, Rosinen, Kleie und Zimt. Mit flüssigem Honig beträufeln. Den Teig von der Längsseite aus vorsichtig aufrollen, Teigenden fest zusammendrücken und mit der Naht nach unten in eine gefettete Auflaufform legen. Dann mit zerlassener Butter bestreichen.

Backen:
Bei 220 Grad etwa 45 Minuten, bis er außen knusprig ist, backen. Während des Backens zweimal mit Butter bestreichen. Nach Belieben nach dem Backen mit einer Mischung aus 125 g Milch und 1 Eßl. Honig übergießen und nochmals für einige Minuten in den Ofen schieben.

Topfen-(Quark-)Strudel

Zutaten:
Rezept Strudelteig wie bei Apfelstrudel

Füllung:
750 g Quark
80 g Butter
2-3 Eßl. Honig
3 Eier
1 Prise Meersalz
1 Messersp. Natur-Vanille-Pulver
etwas abgeriebene Zitronenschale ungespritzt
1/8 Liter Sahne
100 g Rosinen

125 g Milch zum Begießen

Zubereitung - Teig:
Wie bei Apfelstrudel

Fertigstellung:
Auf den ausgezogenen Teig die ausgesiebte Kleie geben, nachdem die Fläche mit zerlassener Butter bestrichen wurde.
Zur Füllung Butter mit Honig und Eigelb cremig rühren, dann den durchpassierten Quark, die Rosinen und die Gewürze,ebenfalls die Sahne zugeben. Zuletzt steifen Eischnee unterziehen.
Die Füllung auf 2/3 des Teiges aufstreichen, dann von der Längsseite her vorsichtig aufrollen und mit der Naht nach unten in eine gefettete Auflaufform legen. Mit zerlassener Butter bestreichen.

Backen:
Bei 200 Grad etwa 40 Minuten backen. Während des Backens zweimal mit Butter bestreichen. Nach Belieben nach der halben Backzeit mit der heißen Milch begießen.

Kraut-Strudel

Zutaten:
Teig und Herstellung wie Apfelstrudel.

Füllung:
800 g Weißkohl, zarte Blätter
4 mittelgroße Zwiebeln
2 Teel. Kümmel
200 g saure Sahne
1 rote Paprika-Schote
60 g geriebener Parmesan
Kräutersalz
Butter zum Bestreichen

Zubereitung:
Weißkohl fein schneiden, Zwiebeln in feine Ringe schneiden und in der Pfanne mit wenig Wasser dünsten, bis die Blätter glasig sind. Etwas auskühlen lassen und die restlichen Zutaten zugeben, abschmecken.

Ausgerollten und gezogenen Strudelteig mit Butter bestreichen, mit der ausgesiebten Kleie bestreuen, Füllung auf 3/4 der Fläche aufstreichen und von der Längsseite aus vorsichtig aufrollen. Mit der Naht nach unten in eine gefettete Auflaufform legen und mit Butter einpinseln.

Backen:
Bei 200 Grad etwa 40 Minuten backen. Nach dem Herausnehmen mit einem Tupfer Creme fraiche belegen und gehackte Petersilie aufstreuen.

Rahm-Strudel

Zutaten:
1 Rezept Strudelteig.

Teigherstellung:
Wie Apfelstrudel.

Füllung:
6 Weizen-Vollkornbrötchen
1/4 Liter Milch
100 g Butter
100 g Honig
abgeriebene Schale einer ungespritzten Zitrone
4 Eigelb
1 Prise Meersalz
1/4 Liter saure Sahne
4 Eiweiß
50 g Rosinen

Zubereitung:
Brötchen auf einer feinen Reibe abreiben, in der Milch einweichen, ausdrücken und fein zerpflücken. Butter schaumig rühren, Honig, Zitronensaft und -schale, Eigelb und Prise Salz zufügen, nach und nach die Brötchenmasse und die saure Sahne einarbeiten. Eischnee schlagen und unter die Masse ziehen.

Die Brötchenmasse auf den ausgerollten Strudelteig streichen, mit Rosinen bestreuen, aufrollen und mit der Naht nach unten in eine gefettete Auflaufform legen. Mit zerlassener Butter bestreichen und backen.

Backen:
Bei 180 Grad 40-50 Minuten backen. Nach der Hälfte der Backzeit mit 1/2 Liter kochender Milch übergießen.

Mit Vanille-Milch oder Vanille-Soße servieren.

Waffeln

Feine Sandwaffeln

Zutaten:
300 g Dinkel, fein gemahlen
150 g Butter
100 g Honig
3 Eier
1 Teel. Natur-Vanille-Pulver
1 Teel. Weinstein-Backpulver

Zubereitung:
Ein schnelles Rezept.

Butter mit Honig und Eiern schaumig rühren, das mit Backpulver vermischte Mehl und die Vanille zugeben und einen glatten Teig herstellen. Eine halbe Stunde stehen lassen. Er kann ohne weiteres auch länger stehen. Nun das elektrische Waffeleisen erhitzen, entweder das runde mit dem Herzmuster oder das rechteckige. Vor dem ersten Backen etwas Öl auf die Backfläche pinseln, dann mit großem Löffel den Teig hineinschöpfen, Deckel schließen, der Teig drückt sich von selbst flach. Die fertigen Waffeln mit der Gabel herausheben und zum Abkühlen einzeln auf einem Gitter abdampfen lassen. Mit der Schere auseinanderschneiden und evtl. Garnitur auflegen.

Garnitur:
Geschlagene Sahne mit Früchten der Jahreszeit belegt, wie z.B. Erdbeeren, Brombeeren, Heidelbeeren, Kirschen, Johannisbeeren, Himbeeren, Kiwis, Aprikosen usw.

Waffeln können auch gut am Tisch zubereitet werden.

Waffeln mit Haferflocken

Zutaten:
100 g Weizen, mittelfein gemahlen
1 gestr. Teel. Weinstein-Backpulver
100 g Haferflocken
200 g Butter
80 g Honig
4 Eier
250 g Milch
1 Eßl. echter Rum
1 Prise Meersalz

Zubereitung:
Butter, Honig und Vanille cremig rühren. Eier einzeln zugeben, Mehl, Haferflocken und Backpulver mischen und langsam darunterrühren. Milch und Rum zugeben. Teig vor dem Backen eine Stunde stehen lassen.

Löffelweise in ein elektrisches Waffeleisen geben, Deckel schließen, der Teig drückt sich von selbst flach. Hellbraun ausbacken, mit einer Gabel herausheben und auf einem Kuchengitter einzeln auskühlen lassen.
Mit der Schere auseinanderschneiden und evtl. mit Garnitur bedecken. Garnitur wie bei Sandwaffeln, fein.

Waffeln können auch direkt am Tisch zubereitet werden.

Statt gekaufter Haferflocken läßt sich mit einer im Handel erhältlichen Hafer-Quetsche von Hand oder elektrisch der Hafer frisch zu Flocken verarbeiten. Sehr zu empfehlen.

Backblech-Allerlei

Knusper-Fladen

Zutaten:
100 g Haferflocken
100 g Weizen, fein gemahlen
50 g Buchweizen, fein gemahlen
50 g Leinsamen, ganz
4 Eßl. Öl
400 g Mineralwasser
Gewürze: Anis, gemahlener Koriander, Meersalz

Zubereitung:
Die trockenen Zutaten werden gemischt und mit Öl und Mineralwasser gemischt. 2 Stunden stehen lassen. Auf einem gefetteten Backblech etwa 1/2 cm dick aufstreichen.

Backen:
Bei 180 Grad etwa 40-50 Minuten backen.

Statt gekaufter Haferflocken läßt sich mit einer im Handel erhältlichen Hafer-Quetsche von Hand oder elektrisch frischer Hafer quetschen. Sehr zu empfehlen.

Honig-Lebkuchen auf dem Blech

Zutaten:
500 g Weizen, fein gemahlen
oder
400 g Weizen, 100 g Roggen
400 g Honig
2 Eßl. Öl
1 Teel. Nelken, gemahlen
2 Teel. Zimt, gemahlen
1 Prise Meersalz
50 g Zitronat
100 g gehackte Mandeln
2 ganze Eier

10 g Pottasche, in Wasser gelöst (etwa 1 Eßl. Wasser)

Zum Bestreichen:
1 verquirltes Ei

Zum Belegen:
Geschälte Mandeln und Zitronat

Zubereitung:
Honig und Öl erwärmen, nicht kochen. Mehl, Gewürze, Mandeln, kleingeschnittenes Zitronat in einer Schüssel mischen, den flüssigen Honig zugeben, die verquirlten Eier und die aufgelöste Pottasche.
Alles zusammen gut kneten und eine Stunde zugedeckt ruhen lassen.

Den Teig auf bemehltem Brett ausrollen und auf ein gefettetes Backblech legen. Dann dünn mit verquirltem Ei bestreichen und mit dem Messer einkerben, um die Stücke anzudeuten, als Dekoration geschälte Mandeln und geschnittenes Zitronat auflegen.

Backen:
Im vorgeheizten Ofen bei 180 Grad etwa 35-40 Minuten backen.

Nach dem Backen einige Minuten auskühlen lassen, schneiden und die Stücke auf ein Kuchengitter legen. In der Dose aufbewahren.

Gewürz-Igelchen (Rezept Seite 99)

Vanille-Kipferl (Rezept Seite 97)

Kleingebäck

Vanille-Kipferl

Zutaten:
130 g weiche Butter
150 g Honig
1 Eigelb
abgeriebene Schale einer halben Zitrone, ungespritzt
1 Eßl. echter Rum
200 g Weizen oder Dinkel, sehr fein gemahlen
100 g geschälte, fein gemahlene Mandeln
1 1/2 Teel. Natur-Vanille-Pulver
1 Eiweiß zum Bestreichen

Zubereitung:
Butter und Honig schaumig rühren, die anderen Zutaten, zuletzt das Mehl unterarbeiten, in Folie einschlagen und im Kühlschrank mindestens 1 Stunde kaltstellen. Auf einem bemehlten Backbrett walnußgroße Stücke zu etwa 6 cm langen Röllchen formen, an den Enden etwas ausdünnen und zu Hörnchen biegen. Dann mit verquirltem Eiweiß bestreichen.

Backen:
Im vorgeheizten Backofen bei 200 Grad etwa 15 Minuten backen. Hellgelb ausbacken, vorsichtig auf Kuchengitter auskühlen lassen, sie sind sehr mürbe.

Spitzbuben

Zutaten:
100 g Mandeln
1 Ei
100 g Honig
100 g Butter
200 g Dinkel, fein gemahlen
1/2 Teel. Natur-Vanille-Pulver
1 Prise Meersalz

ungezuckerte Marmelade, z.B. Aprikosen oder Johannisbeere

Zubereitung:
Die Mandeln überbrühen, abziehen und mahlen.
Ei und Honig gut verrühren, Gewürze, Mandeln und Butter in Flöckchen zugeben, zuletzt das Mehl untermischen und einen gleichmäßigen Kloß formen. In Folie einschlagen und eine Stunde kühl stellen.
Den Teig auf bemehlter Unterlage oder zwischen zwei Folien ausrollen, größere und kleinere Plätzchen ausstechen (es gibt Spitzbubenformen in 3 Größen im Handel). Aus dem größeren evtl. mit einem Fingerhut ein Loch ausstechen. Alle Plätzchen im 180 Grad heißen Ofen hell ausbacken. Auf einem Kuchengitter auskühlen lassen und zusammensetzen. Das kleinere Plätzchen auf der Unterseite mit Marmelade bestreichen und auf das größere aufsetzen.
Trocknen lassen.

Gewürz-Igelchen

Zutaten:
400 g Natur-Reis, fein gemahlen
300 g Butter
3 Eier
4 Eßl. Honig
50 g Rosinen
100 g Zitronat
120 g Weizen oder Dinkel, fein gemahlen
1/2 Teel. Zimt
1/2 Teel. Natur-Vanille-Pulver
Mandelstifte

Zubereitung:
Butter schaumig rühren, Honig, Eier, Gewürze, Früchte und Mehl unterrühren. Mit dem Teelöffel kleine Häufchen auf gefettetes Backblech setzen. Mit Mandelstiften spicken.

Backen:
Im vorgeheizten Ofen bei 190 Grad 8-10 Minuten backen.

Feigen-Makronen

Zutaten:
125 g Butter
250 g Haferflocken
250 g Feigen, getrocknet
2 Eier
80 g Honig
1/2 Teel. Natur-Vanille-Pulver
1/2 Teel. Weinstein-Backpulver

Zubereitung:
Butter schmelzen lassen, Haferflocken zugeben und unter Rühren hellgelb rösten lassen.
Eier mit Honig und Vanille gut verrühren, die in kleine Würfel geschnittenen Feigen zugeben und mit den Haferflocken eine gleichmäßige Masse herstellen.

Mit dem Teelöffel kleine Häufchen auf ein gefettetes Backblech setzen.

Backen:
Im vorgeheizten Ofen bei 175 Grad 15-20 Minuten backen.

Statt gekaufter Haferflocken läßt sich mit einer im Handel erhältlichen Hafer-Quetsche von Hand oder elektrisch der Hafer frisch zu Flocken quetschen. Sehr zu empfehlen.

Kokoshäufchen

Zutaten:
100 g Butter
75 g Honig
2 Eigelb
3 bittere Mandeln fein gemahlen
125 g Kokosraspeln
100 g Weizen, fein gemahlen

Zubereitung:
Butter, Honig und Eigelb gut verrühren, bis eine dicke Masse entsteht. Dann die Mandeln und Kokosraspeln unterheben und zuletzt das Mehl unterarbeiten.
Mit dem Teelöffel kleine Häufchen auf Oblaten oder ein gefettetes Backblech setzen.

Backen:
Bei 175 Grad etwa 25 Minuten backen. Nicht zu dunkel werden lassen.

Fruchtplätzchen

Zutaten:
3 Eßl. Honig
1 Eßl. Butter
2 Eier
1 Messersp. gemahlene Nelken
200 g Weizen oder Dinkel, fein gemahlen
1/2 P. Weinstein-Backpulver
80 g Korinthen
100 g getrocknete Aprikosen
50 g Zitronat
50 g Mandeln, gehackt
3 Tropfen Orangenöl

Zubereitung:
Honig und Butter schaumig rühren, Eier und die Gewürze zugeben. Das mit Backpulver vermischte Mehl nach und nach unterrühren und die kleingeschnittenen restlichen Zutaten unterkneten. Mit dem Teelöffel kleine Häufchen auf ein gefettetes Backblech setzen.

Backen:
Im vorgeheizten Ofen bei 150 Grad etwa 20 Minuten backen. Nicht zu dunkel werden lassen.

Ulanen-Krapfen

Zutaten:
160 g Butter
100 g Honig
2 Eigelb
1/2 Teel. Natur-Vanille-Pulver
250 g Weizen oder Dinkel, fein gemahlen
50 g Haselnüsse, gemahlen
1 Eiweiß
2-3 Eßl. feste, zuckerfreie rote Marmelade

Zubereitung:
Butter, Honig, Eigelb und Vanille cremig rühren. Das Mehl unterarbeiten und 3 Stunden in den Kühlschrank stellen, nachdem eine gleichmäßige Teigkugel entstanden ist.
Walnußgroße Kugeln rollen, in verquirltes Eiweiß tauchen und in den gemahlenen Haselnüssen wälzen. Eine Vertiefung eindrücken und einen Klecks Marmelade hineinsetzen.

Backen:
Im vorgeheizten Backofen bei 180 Grad etwa 15 Minuten backen.

Bücher des Michaels Verlag

Müllerstraße 32 · 8922 Peiting

erhalten Sie überall, wo es gute Bücher gibt

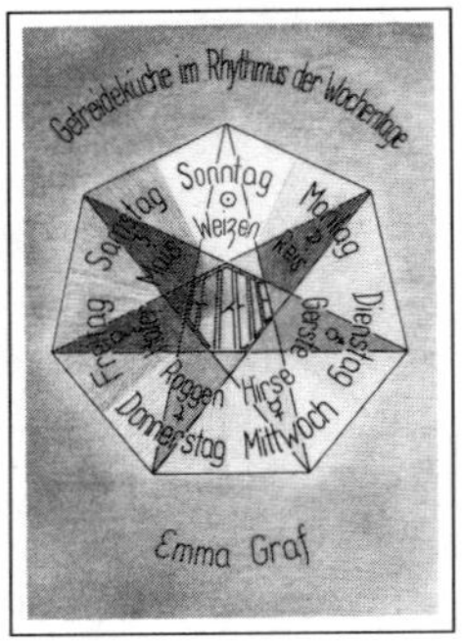

So leicht, so schmackhaft kann der Einstieg in die gesunde Küche sein. Welches Getreide paßt zu welchem Wochentag? Wie läßt sich die Getreideküche ideen- und abwechslungsreich gestalten? Wo finde ich schnell eine Anregung für die Getreidezubereitung? **Getreideküche im Rhythmus der Wochentage.**

ISBN 3-925051-04-X DM 19,80

Nach zigtausend verkauften Exemplaren des 1. Bandes hier nun der lange erwartete Folgeband der Autorin: **Bewußt Ernähren im Rhythmus der Wochentage II.** Emma Grafs 2. Buch, von unzähligen Lesern des 1. Bandes angemahnt, enthält wieder eine Vielzahl von Rezepten und ist eine ideale Ergänzung.

ISBN 3-925051-36-8 DM 24,80

Barbara Schaumeier-Bergant

Süße Vollkornkostbarkeiten

Vollkornkuchen darf nicht trocken sein – darf nicht im »Munde mehr« werden.

Welche anderen Erfahrungen auch bisher gemacht wurden, diese Kuchen gelingen immer und schmecken. Jedes Rezept ist zigmal erprobt bei so kritischen Mündern wie die ihrer Freunde, ihrer Kinder und ihres Mannes. Ein Buch, das ganz aus der Praxis kommt.

ISBN 3-925051-34-1 DM 12,80

Bücher des Michaels Verlag

Müllerstraße 32 · 8922 Peiting

erhalten Sie überall, wo es gute Bücher gibt

So leicht, so schmackhaft kann der Einstieg in die gesunde Küche sein. Welches Getreide paßt zu welchem Wochentag? Wie läßt sich die Getreideküche ideen- und abwechslungsreich gestalten? Wo finde ich schnell eine Anregung für die Getreidezubereitung? **Getreideküche im Rhythmus der Wochentage.**

ISBN 3-925051-04-X   DM 19,80

Nach zigtausend verkauften Exemplaren des 1. Bandes hier nun der lange erwartete Folgeband der Autorin: **Bewußt Ernähren im Rhythmus der Wochentage II.** Emma Grafs 2. Buch, von unzähligen Lesern des 1. Bandes angemahnt, enthält wieder eine Vielzahl von Rezepten und ist eine ideale Ergänzung.

ISBN 3-925051-36-8   DM 24,80

Barbara Schaumeier-Bergant

Süße Vollkornkostbarkeiten

Vollkornkuchen darf nicht trocken sein – darf nicht im »Munde mehr« werden.

Welche anderen Erfahrungen auch bisher gemacht wurden, diese Kuchen gelingen immer und schmecken. Jedes Rezept ist zigmal erprobt bei so kritischen Mündern wie die ihrer Freunde, ihrer Kinder und ihres Mannes. Ein Buch, das ganz aus der Praxis kommt.

ISBN 3-925051-34-1   DM 12,80